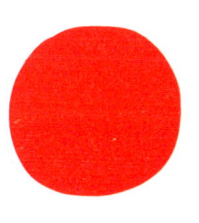

DIE KLEINEN LESEDRACHEN

Die schönsten Mutmach-Geschichten

zum Vorlesen, Mitlesen und Selbstlesen

Bibliografische Information der Deutschen Nationalbibliothek
Die Deutsche Nationalbibliothek verzeichnet diese Publikation in der
Deutschen Nationalbibliografie; detaillierte bibliografische Daten sind
im Internet über http://dnb.d-nb.de abrufbar.

Auflage 3 2 1 | 2014 2013 2012
Die letzten Zahlen bezeichnen jeweils die Auflage und das Jahr des letzten Druckes.

Dieses Werk folgt der neuesten Rechtschreibung und Zeichensetzung.

© Klett Lerntraining GmbH, Stuttgart 2012. Alle Rechte vorbehalten.
www.diekleinenlesedrachen.de
Teamleitung Lernhilfen Grundschule: Susanne Schulz
Redaktion: Jette Maasch
Umschlaggestaltung und Innenlayout: Sabine Kaufmann, Stuttgart
Umschlagillustration und Haupttitel: Andrea Dölling, Lübeck
Leitfiguren Drachen: Thomas Thiemeyer, Stuttgart
Satz: TEBITRON GmbH, Gerlingen
Druck: Firmengruppe APPL, aprinta druck, Wemding
Printed in Germany
ISBN 978-3-12-949041-9

9 783129 490419

DIE KLEINEN LESEDRACHEN

Die schönsten Mutmach-Geschichten

zum Vorlesen, Mitlesen und Selbstlesen

ab 4 Jahren

Leseförderung in drei Schritten

Geschichten von Annette Neubauer und Claudia Ondracek

Mitmach-Seiten von Annette Neubauer

mit Bildern von Andrea Dölling, K. Johanna Fritz und Stefanie Klaßen

Klett Lerntraining

VORLESEN

Kapitel 1: Vorlesen

MITLESEN

Kapitel 2: Mitlesen

SELBSTLESEN

Vorwort:
Leseförderung in drei Schritten

Vorlesen ist ein wichtiger Grundstein für die Bildung Ihres Kindes. Denn Vorlesen entscheidet, ob Kinder später selbst Lust auf Bücher entwickeln oder nicht. Geschichten, die durch ausgewählte Themen den Alltag, die Wünsche und die Fantasie der Kinder aufgreifen, sind bei der Beschäftigung mit Büchern besonders wichtig. Dazu gehören auch Erzählungen, die Mut machen, schwierige Situationen zu meistern, anders zu sein oder Fehler einzugestehen, Grenzen zu überschreiten und Selbstvertrauen zu zeigen.

Die kleinen Lesedrachen unterstützen Sie dabei, Ihr Kind auf eine Reise in die geheimnisvolle Welt der Buchstaben zu entführen. Denn das vorliegende Konzept greift den Entwicklungsstand von Kindern in dreifacher Weise auf:

Die Vorlesegeschichten vermitteln den kleinen Zuhörern ihre Umwelt auf eine noch nicht bekannte Art. Durch Gespräche über die Handlung und die beschriebenen Personen beginnen sie, komplexe Zusammenhänge besser zu verstehen. Hilfreich ist es, wenn der Vorleser Stimmen und Geräusche nachahmt. Wird beispielsweise das Quietschen einer Tür imitiert, steigt die Spannung. Dadurch werden die Kinder unwillkürlich intensiver in das Geschehen einbezogen, und sie werden versuchen, die ungewohnten Töne nachzumachen.

Doch wie werden die kleinen Zuhörer selbst zu Lesern? Für viele Kinder ist der Schritt zum Selbstlesen nicht einfach. Mithilfe der kleinen Lesedrachen wird der Übergang sanft vorbereitet und begleitet. In den Geschichten zum **Mitlesen** werden einige Wörter durch

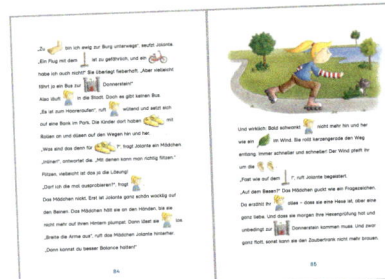

ansprechende Illustrationen ausgetauscht. So werden Kinder motiviert, spielerisch das gelesene Wort zu verfolgen und an den entsprechenden Stellen den Vorleser „abzulösen".

Der dritte Teil basiert auf den beiden vorangegangenen Schritten. Durch das **Selbstlesen** von gekennzeichneten, kurzen Textpassagen in größerer Schrift wird das Kind zum Lesen motiviert, ohne sofort auf die Nähe und Hilfe eines Erwachsenen verzichten zu müssen. Während des Lesens nimmt das Kind unterschiedliche Perspektiven ein und lernt intensiv fremde Gefühle kennen und nachzuvollziehen.

Die **Mitmach-Seiten** fördern die sprachliche Ausdrucks-fähigkeit, das Textverständnis und die Kreativität der Kinder auf mehreren Ebenen. Durch Reime, Satzergänzungen,

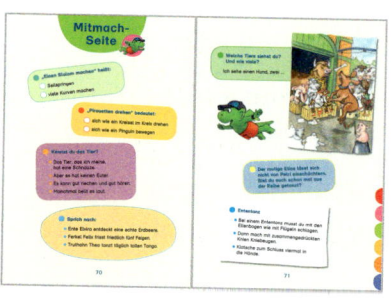

Rezeptvorschläge und weiterführende Fragen vergrößert sich der Wortschatz Ihres Kindes auf spielerische Weise. Die abwechslungsreichen Übungen fordern darüber hinaus zur Aktivität auf. Denn mit allen Sinnen lernt es sich bekanntlich am besten!

Geben Sie Kindern genügend Freiraum, damit sie ihren eigenen Umgang mit Sprache entwickeln können. Dazu gehört auch, dass sich Kinder ihre Geschichten selbst auswählen können. Anhand der Illustrationen im Inhaltsverzeichnis können die zukünftigen Leser bestimmen, mit welchem Thema sie sich heute beschäftigen wollen.

Viel Spaß beim Vorlesen, Mitlesen und Selbstlesen wünscht
die Redaktion der kleinen Lesedrachen

Vorlese-Tipps

Nehmen Sie sich Zeit zum gemeinsamen Lesen.

Kinder mögen es, Geschichten mehrmals zu hören. Gehen Sie auf diesen Wunsch ein. Denn so lernt Ihr Kind bisher unbekannte Wörter kennen und im Alltag anzuwenden.

Wenn Ihr Kind eigene Gedanken zum Text entwickelt, unterbrechen Sie das Lesen, und lassen Sie seiner Fantasie freien Lauf.

Lesen Sie den Anfang einer Erzählung, und fragen Sie Ihr Kind, wie es weitergehen könnte.

Bringen Sie die Personen einer Geschichte zum Leben. Fordern Sie Ihr Kind beispielsweise auf, eine Figur oder ein Tier zu zeichnen. Malen Sie eine Sprechblase dazu. Überlegen Sie gemeinsam, was die Figur sagen könnte, und schreiben Sie es auf.

Erzählungen: Annette Neubauer und Claudia Ondracek
Mitmachseiten: Annette Neubauer

VORLESEN

Willi will nicht in die Schule

„Muss ich wirklich bald in die Schule?", fragt Willi. Dabei sieht er seine Mutter an, die in der Küche steht und bügelt. „Ja, wie alle anderen Kinder auch", antwortet sie und faltet eine Bluse zusammen. „Weshalb willst du denn nicht in die Schule?"

„Dann sehe ich Hannes nicht mehr", antwortet Willi. Er wackelt an seinem Schneidezahn. Lange hält der nicht mehr! „Hannes wohnt doch direkt gegenüber." Willis Mutter runzelt die Stirn. „Auch wenn ihr morgens nicht mehr zusammen in den Kindergarten geht, könnt ihr jeden Nachmittag zusammen spielen."

Aber Willi ist doch nicht blöd! Nach der Schule hat er bestimmt keine Zeit, weil er Hausaufgaben machen muss. Das weiß er von Hannes' älterem Bruder, der schon in der 2. Klasse ist. Willi schiebt die Unterlippe nach vorne und schaut seine Mutter trotzig an. Aber er sagt nichts mehr. Es gibt Dinge, die Erwachsene einfach nicht verstehen. „Wenn du in die Schule gehst, kannst du bald selbst lesen.

Dann musst du nicht mehr darauf warten, dass Papa abends
von der Arbeit kommt und dir vorliest", versucht seine Mama
ihn zu trösten, während Dampf aus dem Bügeleisen zischt.
Aber Willi muss doch gar nicht lesen lernen! Es reicht ihm,
sich die Bilder in Büchern anzuschauen, und in seinem Kopf
entstehen die spannendsten Geschichten. Wortlos dreht er sich
um und geht in sein Zimmer. Dort nimmt er sein Piratenbuch
aus dem Regal, setzt sich aufs Bett und schlägt es auf.
Gebannt betrachtet er, wie Seeräuber auf einem Schiff zu
einer einsamen Insel fahren. Unter einer Palme steht eine
geöffnete Schatzkiste, aus der viele Goldtaler blinken.
Willi schlägt die nächste Seite auf. Aber was ist das? Da liegt
ein brauner zerknitterter Umschlag. Der war doch gestern
noch nicht im Buch! Mit angehaltenem Atem öffnet Willi
den Brief und zieht einen zerfledderten
Zettel heraus. Aufgeregt faltet er ihn
auseinander und sieht eine Zeichnung
mit einem Holzhäuschen, einem
kleinen Teich, einer Schaukel und
einem Sandkasten. Darunter ist eine
Schatzkiste abgebildet, neben der
etwas geschrieben steht.
"Das ist unser Garten!", denkt Willi
aufgeregt. "Ob der Schatz bei uns
versteckt ist? Nur wo? Was bedeuten die Wörter bloß?" Willis
Herz klopft laut. Er nimmt den Brief und rennt zurück zu
seiner Mutter.

„Ich habe eine Schatzkarte gefunden!", ruft er laut.

„So, so", antwortet seine Mutter und schmunzelt.

„Du musst mir unbedingt vorlesen, was darauf steht", ruft Willi atemlos.

„Erst muss ich Abendessen machen", antwortet seine Mutter und klappt das Bügelbrett zusammen.

Willi hat wohl nicht richtig gehört!

Er hat eine Schatzkarte gefunden, und Mama will kochen. Das gibt es doch nicht. Erwachsene sind wirklich merkwürdig.

„Was heißt das?", fragt Willi weiter. Er tippt mit dem Zeigefinger auf einige Wörter.

„Ah, da steht etwas von einem Schatz", sagt Mama.

„Und was?" Willi wird immer ungeduldiger. Wenn seine Mama weiter so trödelt, findet vielleicht noch jemand vor ihm den Schatz. Nicht auszudenken!

„Das verrate ich dir später. Jetzt koche ich." Seine Mama spricht genau in dem Tonfall, der keine Widerworte zulässt. Das weiß Willi genau. Missmutig geht er zurück in sein Zimmer. Von seinem Fenster aus kann er in den Garten schauen.

„Wo ist der Schatz bloß vergraben?", überlegt Willi angestrengt.

Er nimmt die Schatzkarte und starrt sie an. Dann blickt er wieder hinaus. Ratlos zieht er die Schultern hoch. So kommt er nicht weiter. Willi geht in den Flur, schlüpft in seine Gummistiefel und läuft in den Garten. Draußen schaut er sich um. Ob der Schatz irgendwo im Busch liegt? Willi biegt einige Zweige auseinander. Eine Maus huscht schnell in ein Loch. Doch Gold, Säbel oder Perlen sind nirgends zu entdecken. Willi überlegt. Dann setzt er sich in den Sandkasten, nimmt seine Schaufel und beginnt zu graben. Doch nach einer Weile hört er auf. Zweifelnd betrachtet er die kleine Ecke, die er umgegraben hat. Er blickt in den Garten, der ihm noch nie so groß vorgekommen ist, und seufzt. Was soll er bloß tun?

„Hallo Willi, mein Süßer", hört er in dem Moment seinen
Papa von der Terrassentür aus rufen. Sofort springt Willi auf
und rennt ihm entgegen.

„Ich habe eine Schatzkarte gefunden!" Stolz winkt Willi mit
dem Zettel.

„Na, so was", antwortet sein Vater erstaunt und nimmt seinen
Sohn in die Arme. „Und wo ist der Schatz?"

„Das weiß ich nicht." Willi tippt auf die Karte. „Aber hier
steht bestimmt, wo er versteckt ist."

Sein Vater nimmt den Zettel und liest laut: „Lieber Willi, wenn
du den Schatz finden willst, gehe ins Holzhäuschen."

Willi dreht sich um und läuft in den Schuppen. Und jetzt?

Doch sein Vater steht bereits hinter ihm und liest
weiter: „Dort ist Omas alter
Küchenschrank. Mach die
untere Tür auf, und
du wirst entdecken,
wonach du
suchst."

Mit klopfendem Herzen öffnet Willi die Schranktür. Er bückt sich und sieht eine Kiste mit Eisenscharnieren. Neugierig zieht er sie heraus und stellt sie vor sich auf den Boden. Als er den Deckel aufmacht, funkeln ihm goldene Schokoladentaler entgegen. Willi strahlt. Er fühlt sich wie ein richtiger Pirat. Wie gut, dass sein Papa lesen kann. Sonst hätten sie den Schatz nicht gefunden. Und ein wenig freut sich Willi jetzt sogar darauf, bald selbst lesen zu lernen. Wer weiß, welche Schätze er dann noch findet.

Mitmach-Seite

Weshalb will Willi nicht in die Schule?

Was liegt in Willis Piratenbuch?
- ⭕ eine Unterhose
- ⭕ ein Umschlag
- ⭕ ein Umhang

Was ist im Kindergarten anders als in der Schule?

Freust du dich auf die Schule?

Stell dir vor, du findest eine Schatzkiste. Was ist darin? Nimm ein Blatt Papier und Buntstifte, und zeichne es auf.

Schiffe versenken (für zwei Spieler)

- Fülle eine große Schüssel mit Wasser.
- Setze eine kleinere, flache Schale aus Glas als Schiff hinein.
- Einer beginnt und schüttet Wasser in die leere Schale. Dann kommt der andere an die Reihe und so weiter.
- Wer zum Schluss das Schiff versenkt, hat verloren.

Was würdest du mitnehmen, wenn du auf eine einsame Insel segeln würdest?

Was denkt Willi im Sandkasten? Und was denkt wohl die kleine Maus, die ihn beobachtet?

Bis zum Nordpol

Torsten, der kleine Waschbär, hat die Nase voll: Immer soll er sich waschen, bevor er zum Essen kommt. Da lässt Mama Waschbär nicht mit sich reden. Egal, ob er von oben bis unten voller Matschepampe ist oder nur ein paar läppische grüne Flecken im Fell hat. Und die sind nun wirklich nicht der Rede wert – findet Torsten.

„Ich muss mir etwas einfallen lassen, damit das mit dem ewigen Waschen aufhört", denkt der kleine Waschbär. „Aber was? Wie soll ich spielen und dabei nicht dreckig werden? Das kriegt doch kein Bär hin!"

Missmutig blättert Torsten in einem Buch. Da sieht er das Bild eines Eisbären. Das kann doch nicht wahr sein? Der aalt sich da auf dem Boden – und ist trotzdem ganz fleckenlos weiß! Wie macht der Eisbär das nur?

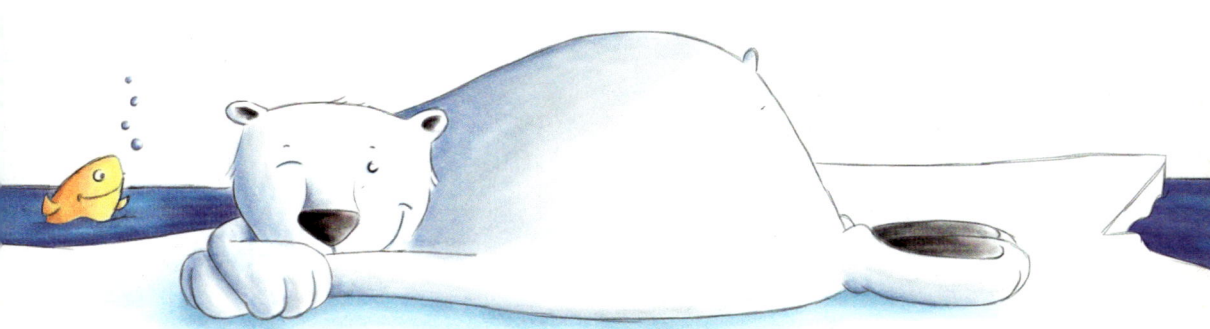

„Den muss ich fragen", denkt der kleine Waschbär. „Der
kann mir bestimmt einen Tipp geben, wie ich sauber bleibe!"
Eisbären wohnen am Nordpol. Und der Nordpol ist weit.
Das sieht Torsten in seinem Atlas sofort.
„Das schaffe ich nicht an einem Tag", murmelt er.
Also packt er heimlich seinen Rucksack: Sein Lieblingsbild
mit den großen Elefanten muss mit und Fred, der Stoffbär –
und natürlich etwas zu essen. Nachts, als alle schlafen,
schleicht Torsten in die Küche und steckt Proviant ein. Jetzt
ist sein Reisegepäck fertig. Er versteckt es hinter dem alten
Baumstumpf am Bach und klettert rasch wieder ins Bett.

Am nächsten Morgen muss Mama Waschbär ihn gar nicht
wecken. Torsten ist schon vor allen anderen wach. Schließlich ist
heute sein großer Tag! Er springt aus dem Bett und wäscht sich.

„Das letzte Mal", denkt er grimmig.

Dann frühstückt er ausgiebig. Er hat schließlich einen langen Weg vor sich.

„Du hast ja einen Kohldampf", staunt Mama Waschbär.

„Hast du etwas vor?"

Torsten starrt auf seinen Teller und schüttelt sachte den Kopf.
Wenn Mama wüsste! Bevor er losgeht, drückt er Mama Waschbär besonders fest.

„Nun zisch schon los", sagt sie und lacht. „Du bist ja zum Mittag wieder da!"

Torsten schluckt und nickt. Wenn Mama wüsste!

Dann läuft er zum Bach und holt seinen Rucksack. Aber wohin soll er jetzt gehen?

Der kleine Waschbär wandert ein Stück den Bach entlang. Da trifft er Leopold, den Biber.

„Kannst du mir sagen, wo Norden ist?", fragt Torsten.

Leopold schaut ihn erstaunt an.

„Nicht genau", sagt er.

„Aber ich weiß, dass im Norden nie die Sonne scheint."

„Danke", sagt Torsten und schaut in den Himmel.

Die Sonne steht knapp über den Bäumen hinterm Bach.

„Also muss ich in die andere Richtung laufen", murmelt der kleine Waschbär und läuft los, die Sonne im Rücken.

Die Wiese am Bach kennt er und die Linde auf dem Hügel auch. Aber dann kommt der große Wald. Und weiter war der kleine Waschbär noch nie. Doch wer an den Nordpol zu den Eisbären will, muss sogar fremde Länder durchqueren.

Also marschiert Torsten mutig zwischen den Birken und Eichen und Buchen entlang. Die Sonne immer hinter sich. Wandern macht hungrig. Torsten überlegt. Einen Apfel kann er essen, dann hat er immer noch genug Proviant übrig. Und wenn er erstmal am Nordpol ist, werden ihm die Eisbären bestimmt etwas zu essen geben. Aber nach dem Apfel knurrt Torstens Magen noch immer.

„Eine Möhre geht noch", denkt der kleine Waschbär – und bald hat Torsten all seinen Proviant aufgefressen. Ein voller Bauch macht müde.

„Ich brauche Kraft für die weite Reise", denkt Torsten.

„Ein Nickerchen kann nicht schaden."

Er rollt sich neben einem Baumstamm zusammen und schläft ein.

„Boing!" Der kleine Waschbär schreckt hoch und reibt sich den Kopf. Was hat ihn da nur getroffen? Da hört er ein Kichern.

„Willst du eigentlich den ganzen Tag verschlafen?" Oben in der Eiche sitzen zwei Eichhörnchen und werfen mit Eicheln nach ihm.

Torsten weicht den Geschossen geschickt aus. Er will sich nicht streiten. Er muss weiter. Schließlich will er noch bis zum Nordpol. Und es ist schon verdammt spät. Er schnappt sich seinen Rucksack und marschiert los. Aber was ist das? Die Sonne steht plötzlich vor ihm. Dabei war das genau die Richtung, in die er vorhin gelaufen ist. Das kann nicht sein.

Torsten schaut sich ungläubig um. Dann ist Norden ja genau in der anderen Richtung.

„Zum Glück bin ich eingeschlafen, sonst wäre ich ja ganz verkehrt gelaufen", denkt der kleine Waschbär und marschiert wieder zurück.

Er läuft zwischen den Birken und Eichen und Buchen entlang. Dann ist der Wald zu Ende – und vor ihm auf einem Hügel steht eine große Linde.

„Komisch", murmelt Torsten. „Fast wie zu Hause!"

Auf der Wiese am Bach sitzt ein Spatz.

„Wie siehst du denn aus?", sagt der und lacht. „Du musst dich dringend mal waschen!"

„Von wegen", antwortet der kleine Waschbär beleidigt. „Ich bin auf Wanderschaft, da sieht man so aus!"

„Und wohin wanderst du?", fragt der Spatz neugierig.

„Zu den Eisbären", sagt Torsten.

„Das ist weit", meint der Spatz. „Und was willst du da?"

Der kleine Waschbär seufzt: „Ich will wissen, wie die Eisbären so fleckenlos weiß bleiben, auch wenn sie spielen und jagen.

Dann mach ich es wie sie und muss mich nicht mehr so oft
waschen!"

Der Spatz lacht. „Aber Eisbären sind doch von Natur aus
weiß. Und in Eis und Schnee bleibt das auch so. Eisbären
müssen sich ganz bestimmt nicht waschen!"

Das kann Torsten nicht glauben. Dann war ja der ganze Weg
umsonst. Und weiß wie ein Eisbär kann er auch nicht werden.

„Werde doch lieber ein richtiger Dreckspatz wie ich", meint
der Spatz und nimmt genüsslich ein Schlammbad am
Bachrand. „Dann lohnt sich
wenigstens das Waschen ..."

Der kleine Waschbär stutzt.
Der Spatz hat recht: Wenn
er sich schon waschen muss,
dann wenigstens mit Grund!
Torsten wirft sich in die
Matschepampe, dass es nur
so spritzt. Oh, tut das gut! Seine

Füße haben ihm vom vielen Laufen schon sehr wehgetan.

„Torsten", hört er plötzlich Mama verzweifelt rufen.
„Torsten, wo bist du nur?"

Oh nein, wenn Mama ihn so sieht? Doch zu spät: Mama
Waschbär hat ihn schon erspäht. Sie rennt auf Torsten zu.

„Vorsicht, ich bin dreck...", kann Torsten gerade noch sagen,
aber da nimmt Mama ihn schon fest in die Arme.

„Dann müssen wir eben beide baden!", sagt sie und lacht.
„Aber Hauptsache, du bist wieder da!"

Mitmach-Seite

● Torsten wäscht sich nicht gern. Was machst du überhaupt nicht gerne? Was machst du gerne?

● Warum will der kleine Waschbär von zu Hause weggehen?

● Was packt er in seinen Rucksack?

● Warum ist Mama Waschbär so froh, als Torsten wieder da ist?

● Proviant ist:
○ Essen und Trinken für eine Reise
○ ein wildes Tier

● Weshalb sagt man, jemand sei ein Dreckspatz?

● Der Nordpol ist:
○ eine Eissorte
○ ein Eskimo-Name
○ der nördlichste Punkt der Erde

● Was ist richtig?
○ Im Norden scheint immer die Sonne.
○ Im Norden scheint nie die Sonne.

Aufregung am Teich

Es ist ein heißer Tag. Die Sonne scheint vom wolkenlosen Himmel. Kein Windhauch fährt durch die Wipfel der Bäume. Das Wasser im Teich steht still. Nur ein kleiner Frosch hüpft am Ufer von einem Stein zum anderen.

„Quak", macht der kleine Frosch. Er schaut auf die Seerosen, die mit ihren geöffneten zartrosa Blüten vor ihm auf dem Wasser liegen. Heute ist aber auch gar nichts los.

Doch halt! Bewegt sich da nicht etwas? Dicke Blasen dringen von dem Grund des Teiches an die Oberfläche. Jetzt steckt ein Karpfen sein Maul aus dem Wasser. Der kleine Frosch stößt sich mit seinen kräftigen Hinterbeinen ab. Mit einem großen Sprung landet er direkt neben dem Karpfen auf dem Blatt einer Seerose, die jetzt heftig hin- und herschaukelt.

„Immer diese Aufregung", meint der alte Karpfen Konrad und hält seine Barthaare in die Luft. „Ach Fred, mein kleiner Freund! Warum bist du nur so vorwitzig und unruhig?", beschwert er sich.

„Schau mal, was hier ist", ruft Fred, der Frosch, und beobachtet
eine Fliege, die langsam über dem Wasser kreist. „Hier, Konrad!
Direkt über unseren Köpfen!"

„Lecker, lecker", brummt Konrad. Dabei macht er sich bereit,
um die Fliege zu fangen. Aber Fred ist schneller. Als der
Karpfen aus dem Wasser springt, lässt Fred schon seine lange
Zunge herausschnellen und schnappt zu.

„Ätsch, ich hab gewonnen!", jubelt Fred, der eigentlich gar
keinen Hunger hat. Dabei schleckt er sich mit der Zunge über
sein Maul: „Mann, war das ein saftiger Happen."
Konrad rollt mit den Augen. „Wann wirst du endlich
erwachsen?", meint er kopfschüttelnd. Dann taucht er unter
und schwimmt davon.
„Bäh! Der ist aber wieder schlecht gelaunt", stellt Fred fest
und sucht mit seinen schwarzen runden Augen das Ufer ab.

„Wenn wenigstens eine Kröte in der Nähe wäre. Aber die verstecken sich bestimmt irgendwo, rühren sich nicht und glucksen blöd vor sich hin."

Da fällt ein dunkler Schatten vom Steg auf den Teich. Unter den schweren Schritten eines großen Mannes beginnen die Holzplanken zu wanken. Freds Herz klopft laut, als er den Mann betrachtet. In der rechten Hand hält er eine Angel. Jetzt stellt er seinen Rucksack ab und holt eine Dose heraus. „Oh nein, ein Angler! Ich muss Konrad warnen", denkt Fred aufgeregt und hüpft von einer Seerose zur nächsten. „Konrad! Konrad, wo bist du nur?" Verzweifelt quakt Fred einige Male über den See. „Es ist lebenswichtig! Ehrlich!"

Aber Karpfen Konrad hat sich verzogen und ist weit und breit nicht zu sehen. Ratlos beobachtet Fred, wie der Angler seelenruhig die Dose öffnet, um einen Wurm herauszuziehen. Dann setzt er sich auf den Rand des Stegs, lässt die Füße baumeln und wirft seine Angel aus. Zufrieden schiebt er den Strohhut über sein Gesicht.

Freds Blicke wandern über den Teich. Täuscht er sich oder sind genau an der Stelle Konrads Barthaare zu sehen, wo der Haken langsam im Wasser versinkt?

„Oh, gütiger Himmel! Was soll ich nur tun?" Freds Hals wird vor Aufregung immer dicker. „Wie kann ich meinen Freund bloß warnen?"

Für einen Augenblick entdeckt er Konrads Kopf. Der kleine Frosch hüpft so stark auf der Seerose hin und her, dass er fast das Gleichgewicht verloren hätte und in den Teich gefallen wäre. Aber Konrad beachtet ihn gar nicht. Er hat nur Augen für den dicken Wurm, der vor seinem Maul schwimmt. Fred quakt so laut wie noch nie in seinem Leben.

„Quak!", tönt es über den Teich. „Quak! Quak!"

Der Angler fährt zusammen und schaut verblüfft zu dem kleinen grünen Tier, das auf einem Seerosenblatt sitzt und so viel Lärm macht.

Da hat Fred eine Idee. Er hüpft so nah an den Mann heran, bis er ihm direkt gegenübersitzt und in die Augen schaut. Er bläht seine Backen auf, die nun wie kleine Luftballons kurz vor dem Platzen aussehen, und quakt drauflos. Der Angler verzieht das Gesicht. Endlich ist es wieder still. Beruhigt schließt der Angler die Augen. Darauf hat Fred gewartet. Er hüpft auf einen Stein direkt neben dem Steg und quakt aus vollem Hals.

„Quaaak!" Lang und durchdringend klingt es in der Stille. Selbst Konrad, der gerade nach dem Wurm schnappen will, hält verblüfft inne.

Der Angler setzt sich erbost auf, wobei ihm sein Strohhut vom Gesicht fällt und im Wasser landet.

Verärgert blickt er ihm nach, zieht entschlossen die Angel heraus und fischt mit der Rute seinen Hut aus dem Teich. Konrad ist gerettet!

Vor lauter Erleichterung quakt Fred noch einmal ganz laut. „Quaaak!", trompetet er über den Teich. „Quak! Quak! Quak!"

Der Angler seufzt, nimmt den Rucksack, setzt seinen nassen Strohhut auf, dreht sich um und geht auf dem Steg davon.

Froh sieht Fred seinen Freund an, der auf ihn zu schwimmt. „Danke", sagt der und zwinkert Fred zu. „Von nun an werde ich mich nie mehr über dich beschweren."

Mitmach-Seite

Schließe die Augen, und stell dir einen Teich vor. Was siehst du? Welche Tiere hörst du? Was riechst du? Was spürst du auf deiner Haut?

Weshalb ist Fred so aufgeregt?

Bilde neue Wörter

- der See und die Rose ...
- das Stroh und der Hut ...
- der Bart und die Haare ...
- der Taucher und die Brille ...
- die Blüte und die Blätter ...
- das Gummi und der Stiefel ...
- die Sonne und der Strahl ...

Bastle dir eine Seerose

- Zeichne einen Stern mit 6 Zacken auf ein Blatt Papier.
- Schneide ihn aus.
- Male die Mitte gelb, und die Zacken rosa an.
- Falte die Zacken nach oben.

Jetzt hast du eine Seerose, die du verschenken kannst.

Fred setzt sich mutig für seinen Freund Konrad ein. Hast du auch schon mal einem Freund oder einer Freundin geholfen?

Die Gartenmonster

„Gute Nacht, meine Lieben", sagt Mama und löscht das Licht
im Kinderzimmer. Anna und Moritz liegen schon im Bett
und haben die Decken bis zu den Nasenspitzen hochgezogen.
„Kommt ihr auch wirklich allein zurecht?"
„Klar! Mach dir keine Sorgen", sagt Moritz und sieht zu
seinem Nachttisch, auf dem ein Handy liegt. „Und zur Not
rufen wir euch an."

„Wenn wir nicht gleich losfahren, kommen wir zu spät", ruft Papa, der schon im Flur steht und wartet.

„Zu ärgerlich, dass Tante Inge krank geworden ist", sagt Mama und dreht sich zu ihm um. „Mir wäre wohler, wenn sie bei den Kindern wäre."

„Du machst dir zu viele Gedanken", antwortet Papa, als sich Mama den Mantel überzieht. „Moritz ist doch schon groß. Und irgendwann müssen die beiden ohnehin lernen, auch mal einen Abend allein zu sein."

Sonst hört Anna nicht gerne, dass ihr Bruder älter ist als sie und bereits zur Schule geht. Aber heute Abend ist sie froh darüber. Sie ist nämlich schon ein wenig aufgeregt, ohne Mama und Papa im Haus zu bleiben.

„Anna, soll ich das Licht im Flur anlassen?", fragt Mama. Dabei schaut sie noch einmal durch die Kinderzimmertür.

„Wir sind doch keine Babys mehr", antwortet Moritz, bevor Anna etwas sagen kann.

„Also gut", sagt Mama und zieht die Tür des Kinderzimmers leise hinter sich zu. Einen Moment später fällt auch die Haustür ins Schloss. Anna und Moritz hören die leiser werdenden Schritte ihrer Eltern auf dem Kiesweg. Dann springt das Auto an und fährt weg. Jetzt ist alles still. Mucksmäuschenstill.

„So still wie noch nie!", denkt Anna und spitzt die Ohren. Zu gerne würde sie jetzt irgendein bekanntes Geräusch hören: das Schnurren ihrer Katze, das Summen des Kühlschranks oder das Rauschen des Geschirrspülers. Auf einmal hört sie das ruhige Atmen ihres Bruders, der schon eingeschlafen ist. Und da fallen auch ihr die Augen zu.

Plötzlich wird Anna von einem durchdringenden Fauchen geweckt. Was war das? Anna setzt sich in ihrem Bett auf. Das Geräusch kam von draußen. Vielleicht sollte sie lieber schnell ins Elternschlafzimmer umziehen. Da fällt Anna wieder ein, dass Mama und Papa gar nicht da sind. Sie nimmt ihren Hasen Mümmi und drückt ihn an ihr Gesicht. Wieder hört sie ein Fauchen. Diesmal klingt es noch unheimlicher, so als ob jemand Feuer speien würde. Ob es dort draußen Fauchmonster gibt? Gefährliche grüne Wesen, die im Garten leben? „Moritz", wispert Anna. „Wach auf!"
Doch Moritz schläft tief und fest. Anna fasst sich ein Herz. Mit Mümmi in der Hand steigt sie aus ihrem Bett, zieht ihre Pantoffeln an und geht zu Moritz' Bett hinüber.
„Draußen ist ein Fauchmonster", flüstert sie. Dabei schüttelt sie ihren Bruder an der Schulter.
Moritz öffnet die Augen und sieht sie verschlafen an.

35

„So ein Quatsch! Es gibt keine Monster!", murmelt er, rollt sich auf die Seite und will weiterschlafen. Doch in diesem Moment hören die Geschwister ein sirenenartiges helles Heulen. Moritz fährt hoch. „Da ist ja wirklich jemand!", stellt er fest. „Wir müssen nachsehen, ob es ein Dieb ist."

Moritz nimmt das Handy vom Nachttisch und springt auf. Auf Zehenspitzen geht er zur Tür. Vorsichtig macht er sie einen Spalt auf und blinzelt hindurch. Anna versteckt sich hinter seinem Rücken. Niemand ist zu sehen!

Vorsichtig huschen die beiden auf den Flur und von dort weiter durch das Wohnzimmer zur Terrassentür. Von hier aus können sie den Garten beobachten, in dem eine Lampe ihr schummriges Licht auf den Rasen und die Bäume wirft. Mit klopfendem Herzen starren die beiden hinaus und lauschen.

Schon wieder dieses Heulen! Erschrocken greift Anna
nach Moritz' Hand. Was geht da nur vor? Ob große grüne
Fauchmonster gelbe Heulmonster angreifen?

Plötzlich sehen die Geschwister eine schwarze vierbeinige
Gestalt auf dem Boden, die eilig auf sie zu läuft. Ein leises
„Miau" erklingt. Dann schlägt eine Tatze an das Türglas.

„Sieh nur! Das ist Kleopatra",
sagt Moritz erleichtert und
öffnet ihr die Tür. In dem
Moment guckt Kalle, der
Nachbarskater, hinter einem
Gebüsch hervor. Ärgerlich heult
er noch einmal auf, während
Kleopatra ins Haus schlüpft.
Als Moritz die Tür zumacht,
und sich die Katze in Sicherheit weiß, faucht sie laut zurück.
Kalles Schatten verschwindet in der Nacht. Zufrieden
schmiegt sich Kleopatra an Moritz' Beine.

„Hat dich Kalle wieder geärgert?", fragt Moritz und atmet
erleichtert auf. „Da hattest du bestimmt Angst. Wie gut, dass
wir dich gehört haben. Im Haus kann dir nichts passieren."

„Also, ich hatte eben wirklich große Angst", sagt Anna mit
etwas zittriger Stimme. Dabei beugt sie sich hinunter und
krault Kleopatra den Nacken.

„Ich fand die Geräusche auch richtig unheimlich! Dabei bin
ich schon viel älter als du", gesteht Moritz. „Zum Glück
waren es keine Einbrecher."

Obwohl sich ihre Knie immer noch wacklig anfühlen, lächelt Anna ihren Bruder an, der im Schlafanzug vor ihr steht. Ihr wird auf einmal ganz warm, weil sie merkt, wie gern sie ihn hat. Plötzlich muss Moritz laut gähnen.

„Ich bin müde", sagt er und reibt sich die Augen. Dabei sieht er zu, wie sich Kleopatra auf einem Sessel zusammenrollt.

„Lass uns wieder ins Bett gehen."

Die Geschwister laufen Hand in Hand zurück ins Kinderzimmer. Kurz darauf liegen beide wieder unter ihren warmen Decken. Als Anna das gleichmäßige Atmen ihres Bruders hört, werden ihre Lider schwer und sie schläft ein. Bald träumt sie, wie sie mit Moritz wilde Monster vertreibt, die auf Bäumen sitzen und heulen und fauchen.

Mitmach-Seite

Wovor fürchtet sich Anna?

Warum wird Anna mitten in der Nacht wach?

Annas Hase heißt:
- ○ Nünni
- ○ Mümmi
- ○ Mammi

Weshalb nimmt Moritz das Handy mit, als er mit Anna ins Wohnzimmer geht?

Wieso kann man Moritz als mutig bezeichnen?
- ○ weil er trotz der unheimlichen Geräusche aufsteht
- ○ weil er lieber im Bett liegen bleibt

Schattenfiguren
- Wirf das Licht einer Schreibtisch- oder einer Taschenlampe an eine weiße Wand.
- Halte deine Hand in den Lichtstrahl.

So kannst du selbst Schattenfiguren machen.

Was passiert zuerst? Was passiert dann? Ordne die Bilder der Reihe nach.

Erzählungen: Claudia Ondracek
Mitmachseiten: Annette Neubauer

MITLESEN

Seite 82

Seite 72

Rennen für Prinzessinnen erlaubt!

Heute feiert die Klasse 1a eine große Faschingsparty. Von den Decken des Klassenzimmers hängen bunte Girlanden und Luftschlangen. Auf dem Boden liegt überall Konfetti. Und alle Kinder sind herrlich verkleidet.

Mit erhobenem Kopf stolziert Prinzessin Luna durch die Tür. Alle Kinder bewundern sie: ihre im Haar, das lange rosa mit Glitzersteinchen darauf. Und natürlich die bunte Kette um ihren Hals.

„Wo ist mein Thron?", fragt Luna.

Denn sie weiß, dass Prinzessinnen meist auf einem sitzen und von allen Seiten bedient werden. So steht es zumindest in den Märchenbüchern, die sie zu Hause liest.

Felix reitet sofort auf seinem Steckenpferd herbei

und stellt ihr einen  hin. Er verneigt sich vor  .

„Bitte sehr, Ihre Majestät", flötet er.

Kaum hat Luna Platz genommen, hat sie Durst. Hexe Marie

bringt ihr einen Becher Apfelsaft. Das findet Luna toll. Sie

will noch mehr bedient werden. Hunger hat sie nämlich auch.

Schon reicht ihr  Juri mit seinem rot-weißen Papphut

einen  mit Apfelstücken.

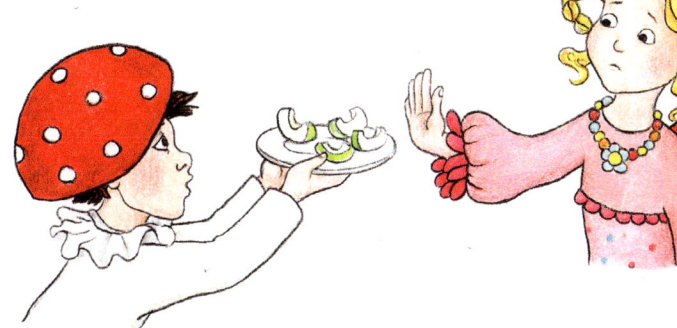

„Ich will aber lieber Kuchen", sagt Prinzessin  und wartet.

Denn Prinzessinnen werden alle Wünsche erfüllt. Also rennt

 Juri noch einmal zum Buffet.

„Da hast du deinen Kuchen", sagt er und stellt Luna den

hin. Dann verzieht er sich schnell. Juri will nämlich nicht noch

mal für  rennen.

Doch Prinzessin  hat immer noch Wünsche: Die feine

Dame Lara muss Luna mit ihrem Fächer Luft zufächeln.

Und Nina, die Fee, sitzt zu ihren Füßen und liest ihr aus einem

 vor. Prinzessinnen wollen schließlich auch unterhalten

werden.

Bald wird den anderen Kindern das Bedienen langweilig.

 reitet lieber durch die Prärie und kämpft gegen

Indianer Jonas. Die feine Dame mit Hut legt die Beine hoch.

Und Fee Nina tanzt zur Musik, als schwebe sie durch die Lüfte.

 sitzt etwas verloren auf ihrem  herum.

So allein macht es keinen Spaß, Prinzessin zu sein.

„Ich brauche einen Prinzen", überlegt Luna.

Aber es ist kein Prinz da. Nur ein . Doch in jedem

Froschkönig steckt ein Prinz, das weiß doch jedes Kind! Küssen

will Luna den  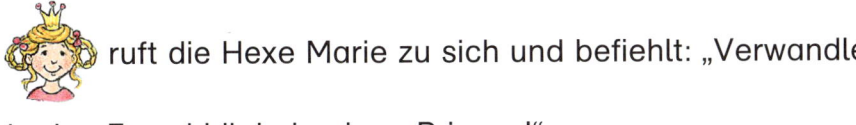 lieber nicht – und an die Wand schmeißen

schon gar nicht.

Sie überlegt: „Hexen ... hexen wäre eine Möglichkeit!"

ruft die Hexe Marie zu sich und befiehlt: „Verwandle

du den Froschkönig in einen Prinzen!"

Marie hebt ihren Zauberstab. Doch Leo will lieber

bleiben und rennt – nein, hüpft weg. Marie jagt dem Frosch

hinterher. Der ist viel schneller und entwischt ihr immer wieder.

 wird ganz hibbelig. Sie ist flink wie ein Luchs und hätte

Leo längst erwischt.

„Warte", sagt sie deshalb zu Marie und steht auf. „Ich fange

ihn selbst!"

„Das geht nicht", sagt Hexe Marie da. „Du kannst hier nicht

einfach rumrennen. Prinzessinnen tun so etwas nicht."

Also sitzt [Prinzessin] weiter auf ihrem [Thron] herum und guckt

den anderen beim Tollen und Spielen zu: Marie und Leo

mampfen Schokoküsse am Buffet. Cowboy Felix versucht, sein

Steckenpferd mit dem [Lasso] einzufangen, das ihm Indianer

Jonas entführt hat. Und die feine Dame hat längst ihren

[Hut] abgesetzt und lümmelt mit Fee Nina auf dem

Lesesofa herum. Nur Luna darf sich nicht rühren. Prinzessin

sein ist gar nicht so leicht, findet sie.

Da klingelt es zur Pause. Alle Cowboys, Indianer, Fliegenpilze,

Froschkönige, Feen und Hexen stürmen zur [Tür] hinaus.

„Bis nachher", ruft Marie  zu. „Als Prinzessin musst du

ja drinnen bleiben!"

„Draußen ist es eh viel zu kalt für mein  !", antwortet

 und tut so, als würde es ihr gar nichts ausmachen.

Doch im Klassenraum ist es plötzlich ganz still. Allein zu sein,

findet  ganz schön blöd. Sie will nicht nur herumsitzen.

Das ist total langweilig.

„Was ist, willst du nicht mit den anderen raus auf den Pausenhof?", fragt der Hausmeister, der gerade ins Klassenzimmer schaut.

 schüttelt langsam den Kopf.

„Prinzessinnen können bei der Kälte nicht raus", sagt sie.

„Und wenn du dir deine  anziehst?", fragt der Hausmeister weiter.

 überlegt. „Dann ginge es vielleicht", antwortet sie zögernd. „Aber ich habe keinen Diener, der mir die Jacke bringt. Und Prinzessinnen holen sich nie selbst ihre Sachen!"

Da lacht der Hausmeister. „Na gut, dann will ich mal dein Diener sein. Welche  ist es denn?"

„Die rote am Blumenhaken", sagt  .

Der Hausmeister geht in den Flur und kommt mit der roten  zurück. Er hilft Luna hinein. Kaum hat Luna die Jacke an, stürmt sie los.

„Na, na", ruft ihr der Hausmeister hinterher. „Dürfen

Prinzessinnen denn rennen?"

Da dreht sich  um: „Wenn sie sich freuen, ja!"

Und schon rennt sie lachend hinaus zu den anderen.

Mitmach-Seite

Was macht man an Fasching, Fasnacht und Karneval?

- ○ Man verkleidet sich.
- ○ Man fährt Fahrrad.
- ○ Man zieht keine Kleider an.

Was stimmt?

- ○ Luna trägt ein langes rosa Kleid mit Glitzersternchen.
- ○ Luna trägt ein langes rosa Kleid mit Glitzersteinchen.
- ○ Luna trägt ein langes gelbes Kleid mit Glitzersteinchen.

Was machst du in deinem Kostüm?

Wenn ich ein Cowboy bin, dann fange ich ein Pferd und …

Wie möchtest du dich verkleiden?

Möchtest du gern eine Prinzessin sein?
Wo würdest du wohnen?
Was hättest du an?

Wie fühlt sich Prinzessin Luna?
Was denkt sie? Wo sind ihre Freunde?

Luna schlüpft am Ende der Geschichte aus ihrer Prinzessinnen-Rolle,

○ damit sie auch draußen spielen kann.

○ damit sie endlich das Prinzessinnenkleid ausziehen kann.

Kannst du dir das merken?
Dann sprich es nach.

● Vogeldreck und Schneckenschleim,
alle Kinder müssen heim.

● Wir fliegen und hexen Nacht für Nacht,
bis es überall schrecklich kracht.

● Die Hexe, die Hexe,
kommt morgens früh um sechse.

● Eene, meene, eins zwei, drei,
jetzt ist die Hexerei vorbei.

Luke springt ab!

„Na, da ist ja unser Schisser-Besserwisser", tönt eine Stimme

hinter Luke  . Sie ist kalt wie ein Eiszapfen.

 fährt herum. Da steht Karl . Karl ist in seiner

Schulklasse, aber er ist nicht sein Freund. Wie Emil und Toni

auch. Denn die drei Jungs lästern und sticheln die ganze Zeit.

Wenn man freundlich grüßt, ist man ein Weichei. Wenn man

die Hausaufgaben macht und sich im Unterricht meldet, ist

man ein Besserwisser. Und wer sich nicht traut, ganz oben

vom Klettergerüst in den Sand zu springen, ist ein Schisser.

So wie  . Der traut sich das nämlich nicht, weil er sich

dabei schon mal mächtig den  verstaucht hat.

Aber das interessiert , Emil und Toni nicht. Die ziehen ihn

nur ständig damit auf. Wie jetzt auch.

 steht in der Umkleidekabine des Schwimmbades.

„Sag bloß, du traust dich ins 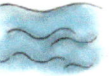 ?", stichelt Toni und zieht

skeptisch seine  hoch.

„Das ist aber ganz schön tief!", setzt Emil nach und grinst.

 sagt gar nichts. Wozu auch? Für die drei ist er ein

Schisser und damit basta! Dabei geht  wahnsinnig

gerne schwimmen. Und er hat auch keine Angst, ins

zu springen und zu tauchen. Doch das interessiert die drei

nicht die Bohne.

 zieht seine Klamotten aus und die an. Er hört die

Jungs hinter sich kichern und wispern. Bloß nicht hinhören!

Aber in seinem  zieht es trotzdem ein bisschen.

„Hallo, Luke", sagt da jemand.

Das ist Jona . Er wohnt im selben Haus wie Luke. ist

nett, findet Luke. Der grüßt immer. Doch sein Freund ist er

auch nicht. Denn Jona geht schon in die zweite Klasse. Jetzt

wandern seine Augen von Luke zu den drei Jungs und von den

drei wieder zu . Jona sagt nichts. Aber Karl, Emil und Toni

machen sich aus dem Staub. Zum Glück!

„Kommst du, Jona?", rufen da schon ein paar von Jonas

Klassenkameraden.

„Wir sehen uns!" Er zwinkert Luke zu und rennt los.

Schnell stopft Luke seine Schuhe,  und sein in

den Spind, schnappt sich sein Handtuch und geht duschen.

 hüpft ins Schwimmbecken und planscht wild herum.

Er strampelt mit Armen und Beinen, dass es nur so spritzt.

Luke macht einen Kopfsprung und taucht – bis auf den Grund.

Prustend taucht er wieder auf. Am Beckenrand sieht er .

Der grinst ihn an.

„Vom Rand springen schafft jeder", spottet er. „Aber was ist

mit dem Dreimeterturm?"

 schluckt. Der Dreimeterturm ist wirklich ganz schön

hoch, findet er.

„Das traut er sich eh nicht!" Emil macht eine wegwerfende

Geste mit der ![Hand]. „Der ist doch noch höher als das

Klettergerüst!"

schluckt noch einmal. Warum müssen die Jungs

immer auf ihm rumhacken? Warum können die ihn nicht

einfach in Ruhe lassen?

„Schisser-Besserwisser, Schisser-Besserwisser!", rufen sie

immer wieder und grinsen von einem bis zum anderen.

So laut, dass zu ihnen hinüberschaut. wird es

plötzlich ganz heiß. Er ballt seine zu Fäusten.

Das muss aufhören. Jetzt und sofort!

„Klar, trau ich mich", sagt er deshalb. „Kein Problem!"

marschiert zum Dreimeterturm und stellt sich in die

Schlange. Sein klopft. Aber er ist wild entschlossen:

Er wird springen, damit das aufhört. Ein für alle Mal.

klettert die zum Turm hoch. Schritt für Schritt.

Als er oben ist, schluckt Luke wieder. Der Dreimeterturm ist

wirklich verdammt hoch. Viel höher, als er dachte. Sein

klopft noch mehr. Das traut er sich nie! Doch hinter ihm

drängen sich schon die Kinder.

Und von unten schauen , Emil und Toni hoch.

Die warten nur darauf, dass er den Rückzug antritt.

Runterklettern geht also nicht – aber springen auch nicht …

Lukes Beine sind weich wie Wackelpudding.

Da hört er jemanden hinter sich sagen: „Los, du schaffst das!

Das wäre doch gelacht." Jona! Er lächelt ihn an.

 kann nicht lächeln. „Aber es ist so hoch", presst er

zwischen zusammengebissenen Zähnen hervor.

„Du darfst nur nicht runtergucken", ermutigt ihn . „Dann

ist es ganz leicht. Renn einfach los, aber nicht stoppen. Ich sag

dir, wenn du abspringen musst!"

 zögert. Aber er hat keine Wahl. Und  hilft ihm. Luke

nickt. Er läuft los.

„Gleich, gleich geht es runter", denkt Luke. Sein  klopft

noch doller.

Da hört er Jona rufen: „Spring!"

 schließt die ( ) ( ) und springt – saust durch die Luft und

taucht ins Wasser.

Prustend taucht er wieder auf und ballt die Faust. Geschafft,

er hat es geschafft! Sein  klopft wie verrückt. Aber

diesmal vor Stolz. Langsam schwimmt er zum Beckenrand und

klettert heraus.

Dort stehen , Emil und Toni. Sie sagen keinen Ton. Doch

das ist Luke egal. Er schaut zum Dreimeterturm hoch. Da steht

und hält den Daumen hoch. Dann nimmt er Anlauf und

springt hinterher.

„Danke", sagt und reicht die Hand, um ihn aus dem

Wasser zu ziehen.

„Für was?" Jona lacht und zwinkert Luke zu. „Du bist doch

ganz alleine gesprungen!"

Mitmach-Seite

Aus zwei Wörtern wird eins!
Wie lautet das neue Wort?

-Spuren

-Taschen

-Klopfen

-Brauen

-Schuhe

-Nabel

-Sprung

Weshalb nennen die Jungs
Luke „Schisser-Besserwisser"?
Was würdest du tun, wenn dich
jemand so nennt?

Hast du schon
einmal eine
Mutprobe
gemacht?

Hast du schon mal
jemandem bei einer
Mutprobe geholfen?

Wie fühlst du dich, wenn du aufgeregt bist? Dein Herz klopft ganz laut, deine Hände …

Was heißt, die Jungen machen sich aus dem Staub?

◯ Sie wischen Staub.

◯ Sie verschwinden.

◯ Sie waschen sich Staub vom Körper.

Glaubst du, dass Luke und Jona Freunde werden?

Was würdest du mit ins Schwimmbad nehmen?

Spiel doch mit einem Freund mal „Ich packe meine Badetasche …"

Du brauchst auf jeden Fall ein Handtuch, Seife und vielleicht auch eine Taucherbrille?

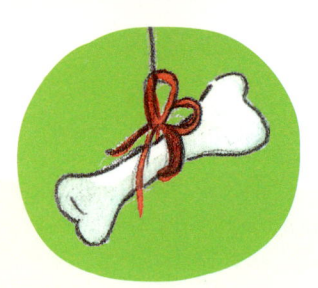

Der Tanzkönig

Jeden Morgen, wenn die  aufgeht, watschelt Entenküken

Elias brav hinter Papa, Mama und seinen Geschwistern

her zum Teich. Und jeden Abend, wenn die wieder

untergeht, marschieren sie in Reih und Glied zurück zum

Entenhaus.

„Das ist total langweilig", schimpft . „Tagein, tagaus

laufen wir im Gänsemarsch herum. Dabei sind wir nicht einmal

Gänse. Ich will endlich mal was anders machen. Ich werde

einen Ententanz erfinden."

Gesagt, getan: Als die  am nächsten Morgen wieder

zum Teich marschieren, tanzt Elias aus der Reihe. Er kreuzt die

, wackelt mit seinem Entenpo und schlängelt sich im

Slalom zwischen seinen Geschwistern hindurch.

Die Küken purzeln übereinander, springen jauchzend wieder

auf die  und machen es  nach. Was für ein

wunderbares Durcheinander!

„Was führt ihr denn da vor?", wiehern die  und

trampeln vor Lachen mit den Hufen gegen den Koppelzaun.

Auch die Schafe mähen und die muhen fröhlich

durcheinander. Die Hühner flattern begeistert mit den Flügeln.

Und die drehen übermütig Pirouetten im Schlamm,

dass es nur so spritzt.

„Ruhe", knurrt Wachhund Petri da. „Ruhe, verdammt noch mal!

, du bringst alles durcheinander. So geht das nicht!"

Die Tiere schauen Petri erstaunt an. Was hat der nur? Wieso

geht das denn nicht? Das Durcheinander macht doch Spaß!

Ernst guckt Petri in die Runde und sagt: „Ordnung muss sein:

Die  laufen im Gänsemarsch. Die  suhlen

sich im Schlamm. Die Hühner picken nach Körnern. Schafe

und Kühe grasen still vor sich hin. Die ![Pferd] stehen auf

der Koppel. Und ich passe auf, dass alles so bleibt und nage

an meinem ![Knochen] !"

„Wie langweilig!", ruft Elias und hüpft auf einem Bein. „Tanz

doch lieber mit, Petri!"

„Tanzen?!", knurrt Petri. „Tanzen ist unhündisch. Schluss jetzt!"

![Ente] ist wütend.

„Du immer mit deiner verdammten Ordnung", ruft er. „Endlich

ist mal etwas los, und alle lassen die Puppen tanzen. Aber du

kannst nur meckern!"

Die Pferde, Kühe, Schafe, Hühner und ![Schweine] nicken

zustimmend. Aber Petri ist unerbittlich.

„Jetzt ab zum Teich, Elias!", knurrt er streng und nagt weiter an

seinem ![Knochen] .

Maulend zieht  ab. „Von wegen: Tanzen ist unhündisch!

Petri ist doch nur eine Spaßbremse!"

„Genau", flüstert  Edith und beugt ihren Kopf über

den Koppelzaun. „Und dieser Spaßbremse werden wir mal

zeigen, wie viel Spaß tanzen machen kann. Ich habe da schon

eine Idee. Komm mal mit!"

Wenig später stapeln die Tiere im Hof ein paar Holzkisten

aufeinander. Als Tribüne!  schreibt in großen Buchstaben

„JURY" darauf. Jede Tierart entsendet einen Vertreter in

die Jury. Die Hühner Erna und Frieda nehmen neben Elias

ganz vorne Platz. Schaf Justin sitzt hinter ihnen. Für die Kühe

kommt Stier Bertold, der zur Feier des Tages einen  trägt.

Sogar 🐷 Elsa hat sich piekfein herausgeputzt.

Wachhund Petri nagt genüsslich an seinem 🦴 und

beobachtet blinzelnd das Treiben. Doch solange sich alle

ordentlich aufführen, braucht er nichts zu unternehmen.

Aber was baumelt da plötzlich vor seiner Schnauze herum?

Petri reißt seine 👀 auf. Es ist eine Schnur mit einer

Schlinge. Was hat die nur zu bedeuten? In null Komma nichts

legt sich die Schlinge um seinen heiß geliebten 🦴 und

zieht ihn hoch.

„Mein Knochen", kläfft Petri und schnappt danach.

Doch der 🦴 baumelt längst zu weit oben. Wütend springt

Petri hoch. Einmal und noch einmal und noch einmal. Aber so

kommt er nicht hoch genug. Er braucht viel mehr Schwung.

Petri nimmt Anlauf. Er drückt sich kräftig ab, rudert mit

den Pfoten in der Luft, reckt seinen Hals – und schnappt

sich den 🦴. Dann dreht er sich um die eigene Achse

und landet wieder auf seinen Pfoten. Geschafft!

„Bravo", ruft das piekfeine , „was für ein gewagter

Sprung!"

„Super, Petri", juchzt , „das war besser als mein

Ententanz!"

Petri ist noch ganz außer Atem – und ein bisschen verlegen.

So gelobt wurde er schon lange nicht mehr. Da vergisst er

doch glatt zu schimpfen.

„Das war eins a", sagt Stier Bertold anerkennend und hält ein

Schild mit der Note 1 hoch. Die anderen Jurymitglieder tun es

ihm nach. zählt die Stimmen.

„Gewonnen", sagt er. „Die Jury kürt dich eindeutig zum

Tanzkönig!"

„T...Tanzk...könig? I...Ich?", stottert Petri.

„Klar", wiehert Edith und hält die mit der Schlinge

hoch. „Wer für seinen so einen Hundetanz hinlegt!

Applaus für den Tanzkönig!"

Die Tiere klatschen und johlen wie verrückt. Petri zögert.

Dann verneigt er sich. „Danke, danke", bellt er und grinst.

„Als Tanzkönig übernehme ich jetzt die Jury. Mal sehen,

was für Tänze ihr so draufhabt. Aber immer schön der Reihe

nach. , du tanzt als Nächster", befiehlt er.

„Klar", jubelt  und kreuzt die , „und nachher

tanzen wir alle zusammen."

Mitmach-Seite

„Einen Slalom machen" heißt:

○ Seilspringen

○ viele Kurven machen

„Pirouetten drehen" bedeutet:

○ sich wie ein Kreisel im Kreis drehen

○ sich wie ein Pinguin bewegen

Kennst du das Tier?

● Das Tier, das ich meine,
hat eine Schnauze.

● Aber es hat keinen Euter.

● Es kann gut riechen und gut hören.

● Manchmal bellt es laut.

Sprich nach:

● Ente Elvira entdeckt eine echte Erdbeere.

● Ferkel Felix frisst friedlich fünf Feigen.

● Truthahn Theo tanzt täglich tollen Tango.

**Welche Tiere siehst du?
Und wie viele?**

Ich sehe einen Hund, zwei ...

**Der mutige Elias lässt sich
nicht von Petri einschüchtern.
Bist du auch schon mal aus
der Reihe getanzt?**

● **Ententanz**

● Bei einem Ententanz musst du mit den
Ellenbogen wie mit Flügeln schlagen.

● Dann mach mit zusammengedrückten
Knien Kniebeugen.

● Klatsche zum Schluss viermal in
die Hände.

Überraschungspost
im Krankenhaus

Khan  lässt die Klassenzimmertür nicht aus den Augen.

Lisa und Marta kommen quasselnd herein und werden von

ihrer Freundin Alma bestürmt. Na ja, nach den Osterferien

gibt es eben viel zu erzählen. Jakob winkt Alex zu, der schon

hinten auf seinem lümmelt. Annalena schaut etwas

schüchtern in die Runde, und der dicke Liam drückt sich

wortlos an allen vorbei.

Aber wo bleibt nur Khans Freund Kilian ? Die Schulstunde

fängt bald an, aber von Kilian ist weit und breit nichts zu

sehen.

versteht das nicht. ist sonst immer super pünktlich,

damit er und noch Zeit zum Quatschen haben, bevor der

Unterricht beginnt.

Es klingelt. Herr Laske, der Klassenlehrer, kommt herein und

schließt die  . Alle Kinder gehen an ihre Plätze – nur der

 neben Khan bleibt leer. Dabei hat  vor drei Tagen

noch Kilians  aus dem Urlaub bekommen: super Wetter,

super Schnee, super Skipisten – einfach beneidenswert!

„Guten Morgen", sagt Herr Laske und lehnt sich gegen

das Lehrerpult.

„Guten Morgen", antworten die Schüler im Chor.

Herr Laske schaut sich in der Klasse um. Am leeren Platz

von  bleibt sein Blick hängen.

„Ich muss euch etwas sagen", sagt Herr Laske und sieht

 an.

Der rutscht unruhig auf seinem hin und her. Was will

Herr Laske nur von ihm?

Da fährt Herr Laske fort: „Kilian hatte einen schweren Ski-

unfall. Er hat sich ein gebrochen und muss wegen

seiner Verletzungen noch drei Wochen im Krankenhaus bleiben!

Aber es geht ihm den Umständen entsprechend gut. Ihr

braucht euch keine Sorgen zu machen."

 zuckt zusammen. Ein Unfall, wie schrecklich! Kilian ist

im Krankenhaus – und das sogar ein paar Wochen. Der Arme!

Das Krankenhaus ist in der Stadt. Und die ist weit weg.

Dorthin kommt man nur mit dem  – oder mit dem

. Allein darf Khan aber noch nicht den Bus nehmen. Und

mit dem Auto in die Stadt fahren kann er nur am Samstag, wenn

Mama nicht arbeiten muss. Also kann er seinen Freund

eine ganze Woche lang nicht besuchen. Nur telefonieren,

das können sie. Aber das ist nicht dasselbe, wie sich sehen!

 ist traurig. Jeden Tag sitzt er nun alleine in der Schule.

Keiner wartet auf ihn am Schultor. Keiner kippelt mit ihm auf

dem um die Wette. Keiner nervt ihn wegen der Mathe-

hausaufgaben. Keiner steckt ihm heimlich Zettel zu. Keiner

schwatzt ihm in der Pause seinen Trinkjoghurt gegen ein

trockenes Käsebrot ab. Das alles fehlt ihm ganz schön!

 zählt jeden Tag – Montag, Dienstag, Mittwoch, Donnerstag, Freitag. Fünf lange Tage ohne  . Aber dann ist endlich Wochenende! Und gleich am Samstag fährt er mit Mama zum Krankenhaus. Das hat sie ihm ganz fest versprochen.

Das Krankenhaus ist groß und riecht ganz schrecklich. Unter den vielen Kranken fühlt man sich selbst auch schnell ganz krank, findet  . Aber Kilian freut sich mächtig, dass Khan ihn besuchen kommt. Er hat ein Gipsbein bis zur Hüfte und viele Verbände und kann sich kaum rühren.

„Tut es sehr weh?", fragt Khan, als er mit Filzstiften seinen

Namen und einen  auf den Gips malt.

Kilian schüttelt den Kopf. „Nein, nicht mehr. Aber den ganzen

Tag im herumliegen ist echt öde." seufzt. „Es

kommt ja kaum jemand zu Besuch."

„Kannst du nicht Spiele auf deinem neuen Handy spielen?",

fragt Khan.

„Schon", sagt Kilian, „aber stundenlang auf dem Handy herumtippen ist auch öde. Und Fernsehen auch. Nicht mal etwas zum Lesen habe ich. Meine  habe ich alle schon durch!"

 muss grinsen. Das wundert ihn nicht. Kilian hat ja auch kaum Bücher zu Hause. Lesen fand er bisher nämlich immer total langweilig. Er spielt lieber  oder saust mit dem Kickboard herum. Aber jetzt sieht die Sache anders aus.

„Wie soll ich bloß die nächsten zwei Wochen überstehen?" 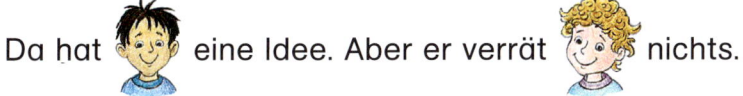 seufzt wieder. „Nicht mal eine Bücherei haben die hier im Krankenhaus!"

Da hat  eine Idee. Aber er verrät 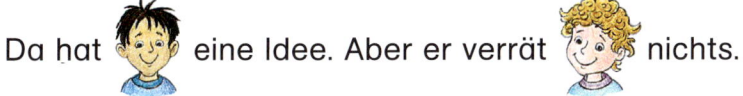 nichts.

Zu Hause schreibt  eine Liste mit den Namen aller Kinder aus seiner Klasse. Und am Montag meldet er sich gleich in der ersten Stunde und erzählt den anderen von seinem Besuch im Krankenhaus.

„Wenn 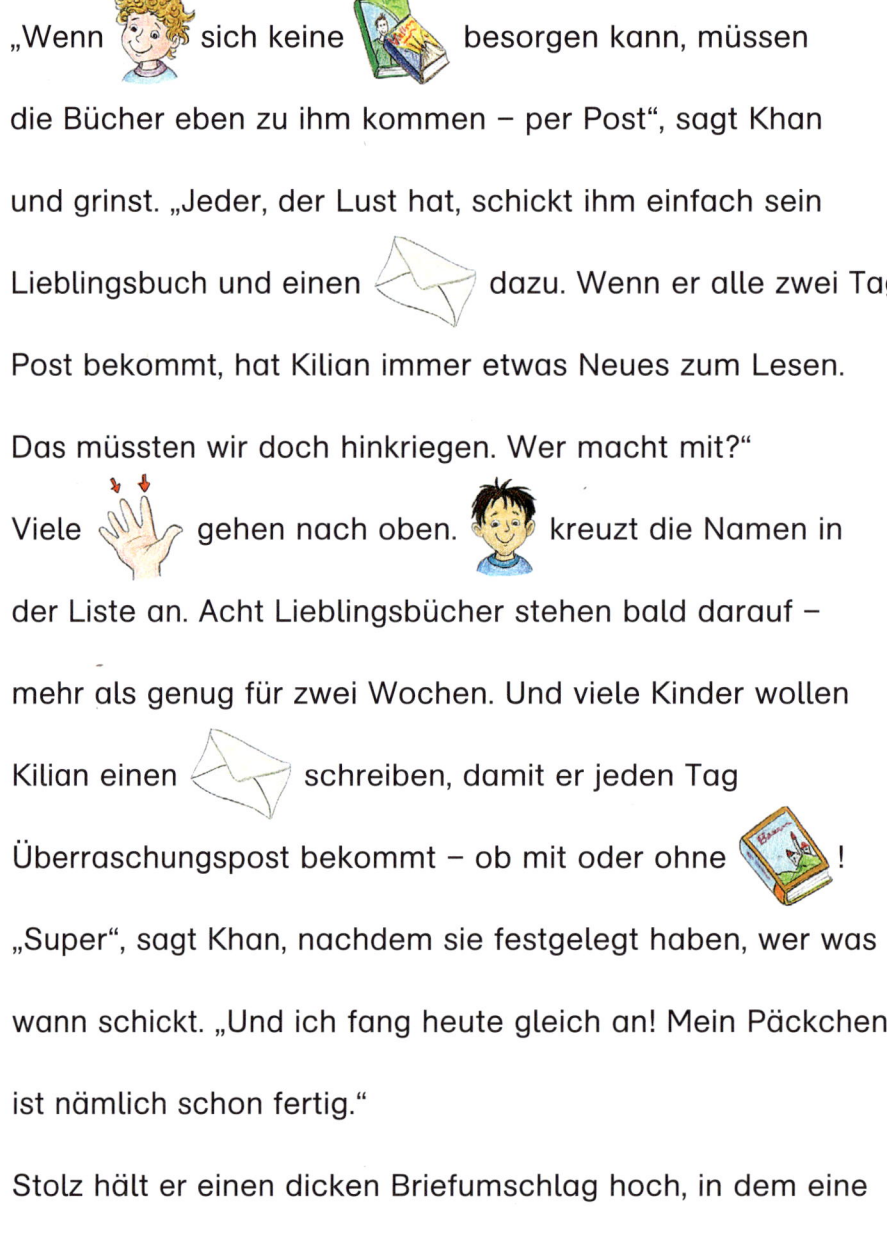 sich keine besorgen kann, müssen

die Bücher eben zu ihm kommen – per Post", sagt Khan

und grinst. „Jeder, der Lust hat, schickt ihm einfach sein

Lieblingsbuch und einen dazu. Wenn er alle zwei Tage

Post bekommt, hat Kilian immer etwas Neues zum Lesen.

Das müssten wir doch hinkriegen. Wer macht mit?"

Viele gehen nach oben. kreuzt die Namen in

der Liste an. Acht Lieblingsbücher stehen bald darauf –

mehr als genug für zwei Wochen. Und viele Kinder wollen

Kilian einen schreiben, damit er jeden Tag

Überraschungspost bekommt – ob mit oder ohne !

„Super", sagt Khan, nachdem sie festgelegt haben, wer was

wann schickt. „Und ich fang heute gleich an! Mein Päckchen

ist nämlich schon fertig."

Stolz hält er einen dicken Briefumschlag hoch, in dem eine

selbst gemalte Karte und „Emil und die Detektive" stecken,

sein absolutes Lieblingsbuch!

Am nächsten Samstag fährt wieder mit Mama in die

Stadt. Als er ins Krankenhaus kommt, begrüßt ihn

freudestrahlend.

„Mir ist gar nicht mehr langweilig", sagt er und umarmt

 . „Die Zeit vergeht wie im Flug. Denn täglich

Überraschungspost zu bekommen, ist fast, wie jeden Tag

Geburtstag zu haben. Da vergesse ich sogar glatt mein

blödes Gipsbein!"

Mitmach-Seite

Die Zeit vergeht wie im Flug, heißt:

○ Die Zeit vergeht ganz schnell.

○ Die Zeit bewegt sich wie eine Schnecke.

● Hast du schon einmal eine Postkarte bekommen? Von wem? Wie sah das Bild vorne aus? Aus welchem Land kam sie?

● Aus zwei Wörtern wird eins!
Wie lautet das neue Wort?

 Kranken-

 -Marke

Fuß-

 -Reifen

 -Fahrer

 -Decke

Lieblings-

Warst du schon mal in einem Krankenhaus?

Wie heißt dein Lieblingsbuch? Wer hat es geschrieben? Was ist auf dem Umschlag zu sehen? Wenn du Lust hast, tausche es doch mit einem Freund gegen sein Lieblingsbuch.

Hast du auch schon mal einem kranken Freund mit einem kleinen Geschenk Mut gemacht?

Wie fühlt sich Khan am Ende der Geschichte?

Hexenprüfung
mit Hindernissen

Jolante , die kleine Hexe, ist verzweifelt: Mit dem

zu landen, ist einfach nicht ihr Ding. Jedes Mal legt sie

eine Bruchlandung hin. Entweder bremst Jolante in der Luft

zu früh ab, und ihr plumpst hinunter wie ein nasser

Sandsack. Oder sie landet mit solch einem Karacho, dass

sie kopfüber vom Besen fällt. „Fallobst" und „Nasenbremser"

nennt Roxana sie schon.

ist auch Hexenschülerin und wird mit Jolante morgen

die Hexenprüfung ablegen. Hexen ist für kein Problem.

Sie kann es donnern lassen, entfachen, und sie lässt

sogar tanzen. Da reicht sie Roxana locker das

Wasser. Aber der Zaubertrank, den sie brauen sollen, der ist

ein Problem für sie. Denn dafür braucht sie ganz bestimmte

Kräuter – und die wachsen nur bei  Donnerstein

im finsteren Wald.

„Du schaffst die Hexenprüfung garantiert nicht!", ruft

triumphierend und setzt mit ihrem sanft wie eine

 auf dem Boden auf. „Oder wie willst du an die Kräuter

kommen? Donnerstein ist weit weg, ohne Besen ist

das nicht zu schaffen!"

schluckt. Muss sie den Beruf als Hexe wirklich an

den Nagel hängen, wie Roxana behauptet? Nur, weil sie

die Zaubertrank-Prüfung nicht schafft?

„Zu  bin ich ewig zur Burg unterwegs", seufzt Jolante.

„Ein Flug mit dem  ist zu gefährlich, und ein

habe ich auch nicht!" Sie überlegt fieberhaft. „Aber vielleicht

fährt ja ein Bus zur  Donnerstein!"

Also läuft  in die Stadt. Doch es gibt keinen Bus.

„Es ist zum Haareraufen", ruft  wütend und setzt sich

auf eine Bank im Park. Die Kinder dort haben  mit

Rollen an und düsen auf den Wegen hin und her.

„Was sind das denn für  ?", fragt Jolante ein Mädchen.

„Inliner!", antwortet die. „Mit denen kann man richtig flitzen."

Flitzen, vielleicht ist das ja die Lösung!

„Darf ich die mal ausprobieren?", fragt  .

Das Mädchen nickt. Erst ist Jolante ganz schön wacklig auf

den Beinen. Das Mädchen hält sie an den Händen, bis sie

nicht mehr auf ihren Hintern plumpst. Dann lässt sie  los.

„Breite die Arme aus", ruft das Mädchen Jolante hinterher.

„Dann kannst du besser Balance halten!"

Und wirklich: Bald schwankt  nicht mehr hin und her

wie ein im Wind. Sie rollt kerzengerade den Weg

entlang. Immer schneller und schneller! Der Wind pfeift ihr

um die   .

„Fast wie auf dem  !", ruft Jolante begeistert.

„Auf dem Besen?" Das Mädchen guckt wie ein Fragezeichen.

Da erzählt ihr  alles – dass sie eine Hexe ist, aber eine

ganz liebe. Und dass sie morgen ihre Hexenprüfung hat und

unbedingt zur  Donnerstein kommen muss. Und zwar

ganz flott, sonst kann sie den Zaubertrank nicht mehr brauen.

Und dass das mit dem  bei ihr nicht so klappt.

Das Mädchen hört ihr mit offenem  zu.

„Und deshalb brauchst du meine Inliner?", fragt sie am Ende

von Jolantes Erzählung.

 nickt. „Ja, damit ich so flott vorankomme wie  mit

dem Besen!"

Das Mädchen lacht. „Von einer Hexe auf Inlinern habe ich

zwar noch nie gehört. Aber ich leih sie dir gerne aus!"

„Danke", ruft Jolante.

So leicht wird  sie nicht los. Denn jetzt ist sie auch ohne

Besen schnell wie der  .

Und wirklich: Am nächsten Tag saust  die Straßen

entlang, zischt über Brücken, flitzt durch Tunnel, nimmt jede

Kurve mit Karacho. Und auch den Berg hinauf zur

Donnerstein legt sie in null Komma nichts zurück. Roxana,

die schon eifrig Kräuter sammelt, guckt wie sieben Tage

Regenwetter, als  auf dem Parkplatz hinter der Burg

bremst. Jolante dagegen strahlt wie ein Honigkuchen-  .

„Freu dich bloß nicht zu früh", zischt  .

 sagt nichts. Sie pflückt fix ihre Kräuter, die sie für den

Zaubertrank braucht. Dann schnallt sie sich die Inliner wieder

an, rollt den Berg hinunter und jagt durch Tunnel, über

Brücken und die Straßen entlang.  über ihr in der Luft hat

ein wenig Vorsprung, aber viel ist es nicht. Jolante gibt noch

einmal alles. Ihre  zischen über den Asphalt. Weit kann

es nicht mehr sein. Jolante kneift die Augen zusammen. Da

vorne, zwischen den Bäumen, kann sie schon die roten Mauern

der Hexenschule erspähen.

„Juhu, ich hab's geschafft", jubelt  .

Doch da hebt sie plötzlich vom Boden ab – immer höher und

höher steigt  in den Himmel hinauf.

„Hilfe", schreit sie und schaut zwischen ihre Beine: Roxanas

Hexenbesen!

„Dreh du mal schön da oben deine Runden", kreischt

hämisch von unten herauf und lacht. „Dann kann ich in Ruhe

meinen Zaubertrank brauen!"

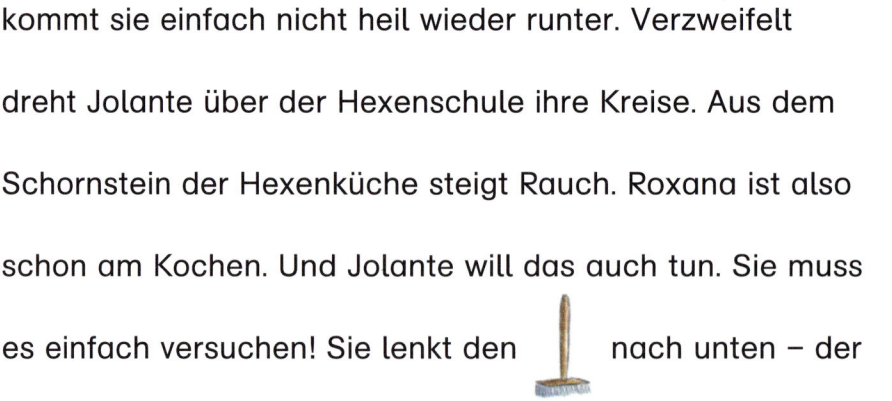 schimpft. Was soll sie nur machen? Mit dem

kommt sie einfach nicht heil wieder runter. Verzweifelt

dreht Jolante über der Hexenschule ihre Kreise. Aus dem

Schornstein der Hexenküche steigt Rauch. Roxana ist also

schon am Kochen. Und Jolante will das auch tun. Sie muss

es einfach versuchen! Sie lenkt den nach unten – der

Boden kommt immer näher und näher. Jolante hält die Luft an.

Gleich, gleich wird sie aufprallen und auf der  landen,

so wie immer! Sie schließt die . Es rumpelt, aber statt

einer „Nasenbremse" rollt Jolante auf den Inlinern einfach

weiter. Wie ein Flugzeug auf seinen Rädern!

kann es kaum fassen. Mit den Inlinern ist man nicht

nur schnell. Sie sind auch eine geniale Landehilfe. Jetzt steht

ihrer Karriere als Hexe nichts mehr im Wege!

Und schon flitzt sie los in die Hexenküche ...

Mitmach-Seite

Findest du die Reimwörter?

- Leder
- Tor
- Wurm
- Ruhe
- Herd
- Witz
- Hase
- Pfad
- Hund

Womit fahren Menschen? Womit fliegen Menschen?

Stell dir vor, dass du eine Hexe bist. Was würdest du zaubern?

Erkläre mit deinen Worten:

- Roxana guckt wie sieben Tage Regenwetter.
- Er strahlt wie ein Honigkuchen-Pferd.
- Das Mädchen guckt wie ein Fragezeichen.

● „Dann kannst du die Balance besser halten?" heißt:

○ Dann kannst du die Beine besser durchstrecken.

○ Dann kannst du dein Gleichgewicht besser halten.

● Wie sieht der Hexenberuf aus? Welche Prüfungen muss eine Hexe machen? Welche Zauberkunststücke muss sie beherrschen? Wie muss sie sich kleiden? Wo lebt sie?

● Jolante ist eine ganz liebe Hexe. Was für eine Hexe ist Roxana?

● Jolante fliegt auf Roxanas Besen. Weshalb landet sie sanft auf dem Boden?

● Hexentanz

Sprich das Gedicht wie eine echte Hexe nach, und tanze wild dazu.

Es donnert und kracht.

Es heult und lacht.

Es knarrt und zischt.

Es funkelt und blitzt.

Hört! Wie es knallt.

Huh, da wird es mir ganz kalt.

● Was brauchst du alles für einen Zaubertrank? Ich brauche Spinnenbeine, Katzenspucke, Rabenfedern …

Erzählungen: Annette Neubauer und Claudia Ondracek
Mitmachseiten: Annette Neubauer

SELBSTLESEN

Eine gruselige Nacht

Das Haus, in dem Felix mit seinen Eltern wohnt, ist ein sehr altes Haus. Es hat viele Fenster und einen runden Turm. An den dicken alten Steinmauern klettert das Efeu hinauf bis zum Dach. Zur großen Eingangstür führen abgetretene Steintreppen mit schmiedeeisernen Geländern an beiden Seiten. „Wir wohnen fast in einem richtigen Schloss", sagt Papa manchmal zu Felix, wenn sie es sich auf dem Sofa im Wohnzimmer gemütlich machen und das Feuer im Kamin knistert. Dann pfeift der Wind um das Haus, und die Fensterläden klappern.

„Gibt es hier auch richtige Vampire?", fragt Felix neugierig und kuschelt sich an seinen Papa.

„Vielleicht", antwortet sein Papa und zwinkert ihm zu. „Auf unserem Dachboden habe ich ein altes Buch gefunden. Darin wird von einem Vampir berichtet, der Hugo heißt, Himbeersaft trinkt und ungefähr so groß ist wie du. Aber jetzt ab ins Bett."

Felix geht die Stufen zu seinem Zimmer hinauf. Bevor er sich seinen Schlafanzug anzieht, blickt er einen Moment in den verwilderten Garten. Dort steht eine mächtige Weide. In der Dunkelheit versammeln sich in den Ästen die Raben und krächzen. Im Stamm des Baumes wohnt eine Eule, die sich über den Lärm der Mitbewohner beschwert. „Schuhuuuu!", heult sie. „Schuuuuuhuuuuu!"

„Jetzt fehlt nur noch Hugo, der gruselige Vampir!", denkt Felix zufrieden.

Schnell zieht er seinen Pullover und seine Hose aus und schlüpft in seinen Schlafanzug. Kaum liegt er unter der Bettdecke, geht die Tür auf, und seine Mama kommt herein, um ihm vorzulesen.

Mit seinem Lieblingsbuch in der Hand setzt sie sich zu ihm aufs Bett. Sie schlägt „Tiere der Dunkelheit: Fledermäuse und Nager" auf und liest einige Seiten. Schließlich fährt sie Felix über die Haare und flüstert: „Träum schön, mein Süßer!" Sanft gibt sie ihm einen Kuss auf die Stirn und steht leise auf. Felix will doch noch gar nicht einschlafen. Viel lieber will er mehr von Fledermäusen und Nagern hören. Aber als seine Mama die Nachttischlampe ausknipst, fallen Felix bereits die Augen zu. Kurz darauf träumt er von Vampiren, die mit langen Strohhalmen aus silbernen Bechern blutroten Himbeersaft trinken.

Mitten in der Nacht wird Felix plötzlich von einem fremden Geräusch geweckt. „Krrrr" macht es über ihm und „tarapp, tapp, tapp".

Dann ist es wieder mucksmäuschenstill. Felix liegt auf dem Rücken und starrt an die Decke. Angestrengt lauscht er in die Dunkelheit. Aber das Knistern und Scharren hat aufgehört. Felix hört nur noch seinen eigenen Atem. Er bewegt sich keinen Millimeter.

Da ist es wieder, ein ganz leises Knistern, „krrrr", als ob jemand Butterbrotpapier zusammenknüllt.

**„Das fremde Geräusch
kommt vom Dachboden."
Felix spitzt die Ohren.
„So viel ist sicher."**

Felix schlägt die Decke zurück. Langsam steht er auf und zieht
sich seine Pantoffeln an. Er geht zur Tür, öffnet sie vorsichtig
und späht in den Flur. Dünnes Mondlicht fällt durch die
Fenster und schimmert silbern an den Wänden und auf dem
Boden. Vielleicht hat Felix Glück und sein Wunsch erfüllt sich.
Wird er heute Nacht Hugo, den Vampir, treffen? Felix schielt
zum anderen Ende des Ganges. Dort ist die Tür, die zum
Dachboden führt.

**„Ob ich Licht machen soll?",
überlegt er.
„Oder vertreibe ich damit
den kleinen Vampir?"**

Schließlich mögen Vampire weder die Sonne noch Lampen.
Aber ihm selbst ist schon mulmig, so ganz allein in der
Dunkelheit. Da hat Felix eine Idee. In der kleinen Kommode
neben dem Aufgang zum Dachboden liegt eine Taschenlampe.
Felix huscht über den Flur, öffnet die Schublade und nimmt
sie heraus. Wenn es zu unheimlich wird, kann er sie anknipsen.

Dann geht er zum anderen Ende des Flurs. Er holt tief Luft, drückt die Klinke herunter und öffnet die Dachbodentür einen Spalt. Da ist es wieder, das fremde Geräusch! „Krrrr!", und noch einmal „krrrr!"

Felix' Herz stockt. Wird er wirklich Hugo begegnen? Ein leichter Schauer fährt über seinen Rücken. Auf Zehenspitzen schleicht er die Stufen hinauf. Die Taschenlampe hält er fest in der Hand. Beim Näherkommen hört er aus dem hinteren Winkel des Bodens ein sehr eiliges „tapp, tapp, tapp, tarapp".

Felix zögert.
„Ein Vampir, der wegläuft?",
fragt er sich.
„Das ist komisch!"

Felix versucht, sich im Dunkeln zurechtzufinden. Durch zwei schmale Luken dringt das schummrige Licht einer Straßenlaterne. Jetzt hört er wieder ein Tapsen. Das ist kein Vampir! Felix entscheidet sich blitzschnell. Er knipst die Taschenlampe an und richtet den hellen Strahl direkt in die Ecke, aus der das Rascheln kommt. Da entdeckt er ein kleines Fellknäuel, das erstarrt auf den Hinterbeinen steht. Aus dem halbgeöffneten Maul schimmern spitze Eckzähne.

„Keine Angst!
Ich tu dir doch nichts",
flüstert Felix ruhig.

Als ob der Marder Felix versteht, schaut er ihn einen Moment
aus seinen runden schwarzen Knopfaugen an. Dann lässt er
sich auf die Vorderfüße fallen und huscht hinter einen alten
Schrank. Felix wartet einen Moment. Aber der Nager bleibt
spurlos verschwunden.

Echte Vampire sehen echt anders aus! Felix grinst in sich
hinein und knipst die Lampe aus.

Das muss er unbedingt morgen seinem Papa und seiner Mama
erzählen. Zwar hat er heute Nacht in ihrem Haus keinen
Vampir entdeckt, der Hugo heißt und Himbeersaft trinkt.

Aber dafür wohnt ein hübscher Marder mit spitzen Zähnen auf ihrem Dachboden.

Und wer weiß: Vielleicht trifft Felix bald auch Hugo. Denn nächste Woche ist Vollmond. Und wie jeder weiß, haben Vampire diese Nächte besonders gern. Wenn Felix dann noch eine Flasche Himbeersaft neben sein Bett stellt, bekommt er bestimmt Besuch. Da ist er ganz sicher!

Mitmach-Seite

Welche Geräusche hörst du in der Nacht? Welche magst du? Welche magst du nicht?

Was machst du, wenn du Angst bekommst?

Nimm ein Stück schwarze Pappe und einen weißen Stift. Male einen kleinen Vampir bei Vollmond.

Ich sehe was, was du nicht siehst!

Was ich meine, trägt man auf dem Kopf.

Darauf ist ein Schädel.

Früher trugen es Piraten.

Jetzt bist du dran! Was siehst du? Beschreibe es.

● Rezept für einen Vampirsaft

● Verdünne ein großes Glas Himbeersaft mit einem großen Glas Wasser und mach daraus Eiswürfel.

● Schütte eine Flasche Orangensaft in eine Glaskanne, und gib die Eiswürfel dazu.

Bitte einen Erwachsenen, dir dabei zu helfen.

● Sprich nach

Was wollen viele Vampire?
Viele Vampire wollen
viel Vampirsaft.

● Wie findest du Felix?

○ ängstlich

○ mutig

○ lustig

● Findest du die Reimwörter?

Der kleine Vampir ist erst ...

Er kommt zu mir, er kommt zu ...

und fliegt zum Mond, der im Himmel ...

Auch Piratinnen kämpfen!

Auf den Sandbergen am See haben die Piraten das Sagen.
Das ist ihre Pirateninsel. Wenn Wiebke dort spielen will,
kommandieren die Jungs sie ganz schön herum.
„Trag unsere Säbel", befehlen sie. „Putz die Kanonen!"
Oder: „Hol uns Apfelsaft!"
Und immer macht Wiebke, was sie wollen. Denn die
Piraten sind wilde Kerle, die laut brüllen und mit Stöcken
herumfuchteln. Da traut Wiebke sich nicht, nein zu sagen.
Auch den Bootssteg haben die Jungs besetzt.
„Das ist unser Schiff", behaupten sie. „Mädchen haben hier
nichts zu melden!"
Und dann muss Wiebke wieder machen, was die großen Jungs
wollen. Dabei würde Wiebke manchmal einfach nur gerne
auf dem Steg sitzen, die Beine baumeln lassen und ins Wasser
schauen. Aber das lassen die Jungs nicht zu.
„Faulenzen geht nicht", sagen sie. „Schrubb das Deck, oder
du musst von Bord!"
Doch eines Tages sitzt auf dem Bootssteg ein Mädchen,
baumelt mit den Beinen und lässt Steine übers Wasser
springen. Richtig weit hüpfen die!
„He, was machst du da?", brüllen die Piraten.

„Das ist unser Piratenschiff. Hau sofort ab!"
Aber das Mädchen denkt gar nicht daran, zu verschwinden.

**„Wieso?", sagt sie einfach und bleibt sitzen.
„Das ist mein Schiff, ich war als Erste da!"**

„Aber wir spielen hier schon viel länger!", schreien die
Piraten und rasseln drohend mit ihren Holzsäbeln.
Doch das Mädchen rührt sich nicht von der Stelle. Wiebke
staunt. Was die sich traut!
„Willst du mit mir zur See fahren?", fragt das Mädchen da.
Sie heißt Katrin und hat lachende grüne Augen.

Wiebke schielt zu den Jungs. Die haben sich oben auf die Sandberge zurückgezogen und beratschlagen. Sie führen etwas im Schilde, das ahnt Wiebke. So einfach geben die ihr Schiff nicht auf.

„Komm, wir fahren den Piraten einfach davon", sagt Katrin da und hält zwei Stöcke hoch. „Hier sind unsere Ruder!" Wiebke muss lachen. Davonrudern klingt gut. Richtig gut! Kurz entschlossen setzt sie sich neben Katrin auf den Bootssteg. Sie tauchen die Stöcke ins Wasser und fahren hinaus aufs Meer. Dort lässt Katrin wieder Steine übers Wasser springen.

„Zeigst du mir, wie das geht?", fragt Wiebke.

„Klar", antwortet Katrin. „Du brauchst ganz flache Steine." Sie reicht Wiebke einen von ihrem Haufen. „Und dann wirfst du so …" Sie macht es Wiebke vor. Fünf Mal springt er!

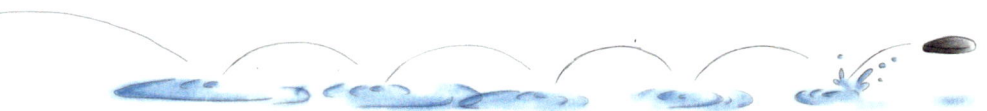

Wiebke versucht es auch. Ihr Stein springt zwei Mal, immerhin! Sie will es noch mal probieren, da ertönt lautes Gebrüll. Die Jungs rennen johlend den Sandberg herunter. „Angriff, wir kapern das Schiff", brüllen sie. „Ergebt euch!" Wiebke zuckt zusammen. Also doch! Die Jungs geben eben nicht so schnell auf. Die behalten das Sagen. Sie will den Bootssteg schon verlassen.

**Aber Katrin rührt sich nicht
von der Stelle.
„Von wegen!", ruft sie laut.
„Wir kämpfen!"**

Wiebke schaut sie erstaunt an. Kämpfen? Gegen die Jungs?
Die sind wild und größer und mehr – und außerdem Piraten!
Da haben sie doch gar keine Chance!
Katrin springt auf und packt entschlossen ihren Stock.
„Wir sind auch Piratinnen. Und die hauen nicht einfach ab,
wenn die Jungs mit den Säbeln rasseln. Die haben Mut und
kämpfen!" Sie schaut Wiebke an. „Kämpfst du mit?"
Wiebke zögert. Dann nickt sie. Ja, sie will auch kämpfen!

Sie will sich nicht wieder herumkommandieren lassen.
Mit Katrin traut sie sich. Sie greift nach ihrem Stock.

**„Feuer!", schreit Katrin
und schlägt wild
mit dem Stock ins Wasser,
dass es nur so spritzt.**

Wiebke tut es ihr nach. Die Jungs werden ordentlich nass und
fluchen. Wiebke lacht. Das macht die Piraten noch wilder.
„Feuer!", brüllen sie und werfen mit Sand.
„Deckung", ruft Katrin und duckt sich.
Wiebke kriegt eine volle Ladung Sand ab. Vor Schreck macht
sie einen Schritt rückwärts. Sie tritt auf die Kante des
Bootsstegs. Ihr Fuß rutscht ab. Wiebke verliert die Balance.
Sie rudert wild mit den Armen. Zu spät – mit einem Schrei
platscht Wiebke ins Wasser. Sie prustet und paddelt, sie spuckt
und strampelt. Der See ist kalt und voller glitschiger
Schlingpflanzen.

**„Mann über Bord",
ruft Katrin erschrocken.
Die Jungs hören sofort auf
zu schießen.**

Katrin kniet sich auf den Bootssteg und reicht Wiebke die Hand. Die greift danach.

Leise flüstert Katrin ihr zu: „Reiß ein paar Schlingpflanzen aus, wir brauchen unbedingt Munition!"

Wiebke zögert. Schlingpflanzen sind eklig. Aber Munition ist wichtig. Beherzt greift sie ins Wasser und reißt ein paar Schlingpflanzen aus.

Katrin zieht sie zum Steg. Wiebke gibt ihr die Schlingpflanzen. Dann stemmt sie sich schnell hinauf. Ihre Kleider triefen, und ihre Haare tropfen. Aber das ist Wiebke egal – Hauptsache sie haben Munition! Jetzt können sie weiterkämpfen!

„Feuer!", schreien die Mädchen wieder und werfen mit den glitschigen Schlingpflanzen nach den Jungs. Die treten schimpfend den Rückzug an.

„Sieg!", ruft Katrin begeistert.
„Das Schiff bleibt unser!"
Auch Wiebke lacht,
obwohl sie patschnass ist.

Sie hat es den Jungs gezeigt. Gemeinsam mit Katrin hat sie
sich getraut. Jetzt lässt sie sich nicht mehr einfach so von den
Piraten herumkommandieren. Auch wenn die wild und
größer und mehr sind. Katrin und sie sind auch Piratinnen!

„Wollen wir Frieden schließen?", ruft Wiebke den Piraten zu. Zögernd kommen die Jungs zurück. „Unter welchen Bedingungen?"

„Morgen wohnen wir auf der Pirateninsel, und ihr segelt aufs Meer", schlägt Wiebke vor.

Die Jungs halten Kriegsrat. Dann stimmen sie dem Vorschlag zu. „Aber vielleicht überfallen wir euch", sagen sie herausfordernd.

Wiebke und Katrin schauen sich an.

**„Dann werden wir kämpfen",
sagen die beiden
wie aus einem Mund
und lachen.**

Wiebke nimmt Katrin an der Hand.

„Kommst du mit zu mir?", fragt sie. „Ich brauche dringend trockene Sachen!"

Katrin nickt. „Und ich was zu trinken – nach dem Kampf!"

Mitmach-
Seite

● Was machst du als Pirat oder als Piratin? Wie siehst du aus? Welchen Schatz erbeutest du? Willst du ein Schiff kapern? Lebst du auf einer Insel?

● Die Jungen behalten das Sagen heißt:
○ Sie reden ganz viel durcheinander.
○ Sie lieben alte Sagen und Geschichten.
○ Sie wollen bestimmen, was andere machen.

● Wie ist Katrin? Katrin ist mutig, frech ...
Und wie ist Wiebke? Wiebke ist ...

● Wie verhält sich Wiebke am Anfang der Geschichte? Und wie verhält sie sich am Ende?

Weshalb ist Wiebke mutig geworden?

Sprich nach, und rufe ganz laut wie ein Pirat:

Piraten haben wildes Haar
und keine Angst vor der Gefahr.
Hohoho!

So gut wie jedes Land
ist den Piratinnen bekannt.
Hohoho!

Piraten lieben das Meer und die Wellen
und sind ganz finstere Gesellen.
Hohoho!

Piratenbrötchen

- Halbiere ein Brötchen.
- Bestreiche es mit Butter oder Margarine.
- Belege es mit einer Scheibe Blutwurst oder Schinken.
- So hisst du das Segel: Steck einen Holzspieß am oberen und unteren Ende durch ein Salatblatt, und stecke den Spieß dann in das Brötchen.

Franz kann viel mehr!

Suses Bruder geht schon in die Schule. Wenn er nach Hause kommt, fragt ihn sein Papa viele wichtige Sachen: „Hast du dich gemeldet? Wie war das Diktat? Hast du dein Brot gegessen?"

Suse kann das nicht mehr hören und steckt sich die Finger tief in ihre Ohren. Immer nur Franz! Ihr Papa kann sie doch auch mal fragen, was sie erlebt hat. Aber seitdem Franz lesen und schreiben lernt, ist sie ihren Eltern ganz egal. Dabei hat Suse ihr Brot heute nicht gegessen, sondern Achmed geschenkt. Ihre Malstifte hat sie Eva geliehen, und die sind jetzt stumpf. Und in ihrer Tasche klebt seit Tagen ein Bonbon, aber das hat Papa gar nicht bemerkt. Mama ist auch nicht besser. Wenn sie abends von der Arbeit kommt, sieht sie gleich die Schultasche von Franz durch.

Gestern hat Suse ihrem Bruder heimlich eine Bananenschale in seine Schultasche gelegt.

Aber anstatt mit Franz zu schimpfen, hat Mama nur laut
geseufzt. Dann hat Papa wortlos die Tasche ausgewischt.
Franz hat Suse dabei die ganze Zeit merkwürdig angesehen.
Als ob er genau wusste, was Suse gemacht hat, aber nicht
petzen wollte.
Heute Abend sitzen Mama und Papa wieder auf dem Sofa,
um sich die Aufgaben von Franz anzuschauen.
„Du bist ja schon ein richtiger Rechenkünstler", lobt Mama
und wuschelt Franz durchs Haar. Suse verdreht die Augen,
rennt in ihr Zimmer und schmeißt die Tür hinter sich zu.
Sie legt sich aufs Bett und drückt ihr Nilpferd Nils fest an sich.

„Ich muss auch bald
in die Schule gehen",
flüstert sie ihm ins Ohr.
„Sonst ändert sich das nie."

In dem Moment geht die Tür auf. Franz kommt wütend
herein.
„Du hast mir die Bananenschale in die Tasche getan,
stimmt's?", fragt er und steckt die Hände in die Hosentaschen.
Suse dreht trotzig den Kopf zur Wand und schweigt.
„Also warst du es", stellt Franz fest. „Aber warum?"

„Mama und Papa
haben mich nicht mehr lieb.
Weil ich noch nicht
in die Schule gehe."

„So ein Quatsch", antwortet Franz. Aber es klingt ein wenig erschrocken. Er setzt sich zu seiner Schwester aufs Bett und streichelt die wenigen Haare auf Nilpferd Nils' Kopf. „Mich nervt das Getue von Mama und Papa ziemlich."
Suse sieht ihn erstaunt an. Auf die Idee wäre sie nie im Leben gekommen.
„Ich bin froh, dass du auch bald in die Schule gehst." Franz grinst. „Dann haben Mama und Papa nicht mehr so viel Zeit für mich, weil sie deine Hausaufgaben auch nachsehen müssen und mit dir für das nächste Diktat üben wollen."

„Sie mögen dich
doch sowieso viel lieber",
behauptet Suse trotzig.
„Du kannst einfach alles besser."

„Paul kann auch alles besser als ich. Der ist schon 10 Jahre alt",
meint Franz nachdenklich. „Wenn man älter ist, kann man
nun mal mehr. Das ist normal."
Suse überlegt. Ob es Franz manchmal genauso geht wie ihr?
„Soll ich dir beibringen, wie dein Name geschrieben wird?",
fragt Franz, um Suse aufzumuntern.
Suse nickt begeistert und springt auf. Sie holt ihre Stifte und
einen Zettel aus ihrem Schreibtisch. Franz legt das Blatt aufs
Bett und malt ein großes S darauf.

„Den Buchstaben mag ich",
sagt Suse und kichert.
„Er sieht so aus
wie eine gebogene Straße."

Franz schreibt weiter. „Suse!", sagt er schließlich laut und
fährt dabei mit dem Finger die Buchstaben entlang, damit
seine Schwester mitlesen kann. Jetzt nimmt Suse den Stift
und versucht, ihren Namen zu schreiben. Das ist gar nicht
so einfach.

„Wenn du ein Wort oft geschrieben hast, geht es leichter",
erklärt Franz und steht auf. „Viel Spaß! Ich spiele lieber mit
meinen Autos."

Suse setzt sich an ihren Schreibtisch. Hier kann sie besser
schreiben. Zuerst sind die Buchstaben ganz krakelig, aber nach
und nach werden sie flüssiger. Plötzlich hat Suse eine Idee. Sie
nimmt ihre Buntstifte und ihren großen Zeichenblock aus der
Schublade. Mit roter Farbe schreibt sie ihren Namen mitten
auf ein weißes Blatt. Darum herum malt sie Straßen mit
vielen Kurven, Bäumen und Häusern. Als sie fertig ist, trennt
sie das Blatt vorsichtig aus dem Block. Dann geht sie in Franz'
Zimmer, um ihm das Bild zu zeigen.

„Klasse!", sagt Franz, der auf dem Boden sitzt und mit seinen Autos spielt.

„Gefällt es dir?", fragt Suse stolz und strahlt ihn an. „Ich habe es für dich gemalt!"

Franz nimmt das Bild, legt es auf den Boden und fährt mit seinem blauen Rennauto die gemalten Straßen entlang. Als er gerade um eine besonders scharfe Kurve biegt, steckt Mama ihren Kopf ins Zimmer. „Suse, es ist schon spät. Zeit für dich, Zähne zu putzen und ins Bett zu gehen."

Am nächsten Morgen wird Suse von alleine wach und blinzelt in die Sonnenstrahlen, die in ihr Zimmer scheinen. Ob die anderen schon auf sind? Sie lauscht und hört leise Musik. Verschlafen steht sie auf und geht in die Küche. Dort bleibt ihr vor Staunen der Mund offen stehen. Sie reibt sich die Augen. Doch sie hat sich nicht getäuscht. Ihr selbst gemaltes Bild hängt in einem silbernen Rahmen an der Wand.

„Franz hat uns dein Bild gestern Abend gezeigt. Wir fanden es so schön, dass wir es gleich aufgehängt haben", sagt Papa und stellt Suses Lieblingsmarmelade auf den Tisch.

„In der Küche können wir es alle sehen und uns daran freuen", sagt Mama, die auf der Eckbank Tee trinkt. „Du bist eine richtige kleine Künstlerin." Dabei zieht sie Suse zu sich und umarmt sie ganz fest.

Da spürt Suse auf einmal,
dass sie alle sehr gern haben.
Egal, ob sie in die Schule geht
oder nicht.

Mitmach-Seite

Wie fühlt sich Suse, wenn ihre Eltern mit Franz auf dem Sofa sitzen?

Weshalb ist Suse sauer auf ihre Eltern und auf ihren Bruder?

Warst du auch schon einmal sauer auf jemanden? Weshalb? Tat es dir später leid?

Was legt Suse Franz in die Tasche?

- ○ ein Apfelgehäuse
- ○ einen Kirschkern
- ○ eine Bananenschale

Franz sagt: „Mich nervt das Getue von Mama und Papa."
Was meint er damit?

Mich nervt es, dass Mama und Papa sich ständig um mich kümmern.

Mich nervt es, dass Mama und Papa viel zu viel arbeiten.

Suse hat ein schönes Bild gemalt.
Was kannst du besonders gut?

Willst du auch ein Buchstabenbild malen? Dann schreibe deinen Namen mit deiner Lieblingsfarbe auf ein großes Blatt. Darum herum malst du deine Lieblingssachen, deine Lieblingstiere, deine Lieblingsgerichte ...

Was lernst du von älteren Kindern?
Und was lernen andere Kinder von dir?

Wie fühlt sich Suse
am Ende der Geschichte?

allein und unglücklich

froh und getröstet

sauer und wütend

Tom züchtet Tomaten

Vor einigen Wochen hat Tom Tomatensamen gekauft. Er hat Schälchen mit Erde und Samen gefüllt. Dann hat er die Schälchen auf die Fensterbank in seinem Zimmer gestellt. Jeden Morgen ist er aus dem Bett gesprungen, um nachzuschauen, ob grüne Triebe aus der Erde kommen. Behutsam hat er mit seinen Fingern gefühlt, ob die Erde feucht genug ist. War sie zu trocken, hat er ein wenig Wasser nachgegossen.

Endlich ist es so weit: Kleine grüne Triebe drängen aus dem Boden nach draußen an die Luft.

Jetzt scheint die Sonne immer öfter, und die Keimlinge wachsen immer schneller. Bald sind die Schälchen zu klein, und Tom pflanzt die Triebe um. Er ist sehr stolz, als er die Keimlinge ganz vorsichtig in Blumentöpfe setzt.

„Es gibt keinen Nachtfrost mehr", sagt seine Mutter an einem warmen Frühlingstag zu Tom. „Willst du die Tomaten nicht in den Garten stellen?"

Zuerst will Tom nicht. Aber die Tomaten wachsen draußen besser als in seinem Zimmer. Also trägt er die Töpfe vorsichtig hinaus, einen nach dem anderen. Seine kleine Schwester Ella steht auf der Terrasse und schaut ihm neugierig zu.

„Ich will auch einen Topf in den Garten tragen", sagt sie und lächelt Tom an.

**„Du bist noch zu klein",
antwortet Tom.
„Wenn du den Topf fallen lässt,
ist die Tomate hin."**

„Immer nur die blöden Tomaten!", sagt Ella und stampft mit dem Fuß auf. „Du spielst gar nicht mehr mit mir." Wütend läuft sie in ihr Zimmer.

Tom ist egal, was seine Schwester denkt. Viel wichtiger ist ihm, einen hellen, windgeschützten Platz für seine Pflanzen zu finden. Beim Geräteschuppen scheint den ganzen Tag die Sonne, und die Wand schützt vor Wind und Regen. Das ist ein sehr guter Platz für Tomaten! Nachdem Tom acht Mal ins Haus und wieder zurück gelaufen ist, stehen die Töpfe ordentlich aufgereiht vor dem Schuppen. Zufrieden wischt er sich den Schmutz an der Hose ab, als seine Mutter zu ihm kommt. „Das hast du klasse gemacht!", lobt sie ihn. Sie schaut auf die getane Arbeit, nickt anerkennend und gibt Tom einen Kuss. „Aber jetzt musst du Hausaufgaben machen."

An die Hausaufgaben hat Tom gar nicht mehr gedacht. Lustlos schlendert er ins Haus.

So ein Mist! Viel lieber wäre Tom den ganzen Tag bei den Tomaten geblieben.

In seinem Zimmer nimmt Tom Hefte und Stifte aus der Schultasche. Dann setzt er sich an seinen Schreibtisch. Nachdem er eine Weile an seinem Stift geknabbert hat, löst er die erste Rechenaufgabe.

Heute dauert alles viel zu lange. Als er endlich fertig ist, steht
er auf, steckt Hefte und Stifte wieder in die Schultasche und
läuft hinaus. Doch als Tom seine Tomaten sieht, hält er erstarrt
inne. Das gibt es doch gar nicht!
Die Hälfte der Töpfe ist umgefallen, und um sie herum liegt
Erde. Ein Setzling ist sogar umgeknickt. Tom steigen Tränen
in die Augen. Dann kniet er sich hin, stellt die Töpfe auf und
füllt die verschüttete Erde wieder hinein.

„Das war Ella!",
denkt Tom wütend.
„Sie hat die Töpfe umgeworfen!
Nur, um mich zu ärgern."

Schnell springt Tom auf. Er läuft ins Haus zurück und reißt die Tür von Ellas Zimmer auf. Seine kleine Schwester kniet vor ihrem Puppenhaus und fährt erschrocken zusammen.

„Warum hast du meine Tomatentöpfe umgeschmissen?", fragt Tom sauer.

„Was ist mit deinen Töpfen?" Ella schaut ihn erstaunt an.

„Tu doch nicht so!", ruft Tom. „Du warst heimlich an meinen Tomaten, als ich Hausaufgaben gemacht habe."

„Ich habe die ganze Zeit hier gespielt", antwortet Ella leise.

Tom knallt die Tür zu. Kleine Schwestern sind wirklich bescheuert! Er läuft zurück in den Garten und betrachtet den Schaden. Vielleicht kann er den umgeknickten Stängel noch irgendwie retten.

„Ich muss Stöckchen in die Erde stecken. Dann haben die Triebe bestimmt mehr Halt."

Während Tom überlegt, eilt die Nachbarin herbei. „Hallo, Tom", ruft Frau Wupper und tritt durch das offene Tor in den Garten. „Weißt du, wo Hektor steckt? Er ist mir schon wieder entwischt."

„Tut mir leid", antwortet Tom. „Ich habe Ihren Hund nicht gesehen."

„Hektor!" Frau Wupper formt ihre Hände

zu einem Trichter. „Komm zu deinem Frauchen!" Ein großer
zotteliger Hund steckt seinen Kopf hinter dem Gartenschuppen
hervor.

„Da bist du ja, mein Liebling!", ruft Frau Wupper erleichtert,
während Hektor schwanzwedelnd zu ihr trottet.

Frau Wupper umarmt ihren Hund, als sei er tagelang vermisst
gewesen. Dann verschwinden die beiden einträchtig im Nach-
barhaus. Tom schüttelt den Kopf und dreht sich wieder zu
seinen Tomaten.

Plötzlich fasst sich Tom mit der Hand an die Stirn. Vielleicht sind Schwestern doch nicht so bescheuert!

Schnell läuft Tom ins Haus. „Ella!", ruft er laut und reißt
die Tür zu ihrem Zimmer auf. Die kleine Schwester sitzt
immer noch vor ihrem Puppenhaus und rückt ein winziges
Stühlchen zurecht.

„Ich hab nichts mit deinen doofen Tomaten gemacht",
sagt Ella, ohne ihn anzusehen.
„Äh, ich wollte dich fragen, ob du mir ... hilfst", stammelt
Tom.
„Und wobei?", fragt Ella verwundert.
„Ich muss die Tomatentriebe an Stöckchen festbinden",
erklärt Tom und blickt verlegen auf den Boden.
Ella dreht sich zu ihm um. „Nö", antwortet sie. „Ich mache
bestimmt wieder alles falsch."

„Es war Hektor. Er hat die Töpfe umgeworfen", gibt Tom kleinlaut zu. „Tut mir leid wegen vorhin."

Ella schweigt einen Moment. „Hast du Stöckchen?", fragt
sie schließlich zögernd. Tom schüttelt verneinend den Kopf.
Ella steht auf, geht zu ihrer Spielkiste und wühlt darin herum,
bis sie eine Dose in der Hand hält.
„Nehmen wir die?", fragt Ella und zeigt Tom ihre Mikado-
stäbchen.
„Die sind echt super!", sagt Tom und lacht. Kleine Schwestern
sind doch manchmal große Klasse!

Mitmach-
Seite

Ein Keimling ist:

○ ein bunter Schmetterling

○ eine junge Pflanze

○ eine kleine Katze

● **Was sagt Tom zu Ella, als sie ihm helfen will?**

● **Was ist es?**

- Es ist kleiner als ein Salatkopf.
- Es wächst auf Bäumen.
- Es ist rund.
- Schneewittchen hat es gegessen.
- In der Mitte hat es viele Kerne.

● Wie Tom einen Fehler zuzugeben, erfordert manchmal Mut. Hast du auch schon mal einen Fehler gemacht und dich dann dafür entschuldigt?

● Hast du auch eine Schwester oder einen Bruder? Wann spielt ihr zusammen? Wann streitet ihr euch? Was macht ihr, um euch wieder zu vertragen?

● **Findest du die Reimwörter?**

Das Samenkorn

Ein Samenkorn lag auf dem Rücken,
Die Amsel wollte es zerpicken.

Aus Mitleid hat sie es verschont
Und wurde dafür reich ...

Das Korn, das auf der Erde lag,
Das wuchs und wuchs von Tag zu ...

Jetzt ist es schon ein hoher Baum
Und trägt ein Nest aus weichem Flaum.

Die Amsel hat das Nest erbaut;
Dort sitzt sie nun und zwitschert ...

(Joachim Ringelnatz)

Oma ist verliebt

„Oma, hilfst du mir mal?", ruft Pia. Sie sitzt in ihrem Zimmer und macht Hausaufgaben. Seitdem ihre Mutter ausgezogen ist, ist Oma nachmittags bei ihr. Anfangs hat Pia ihre Mutter sehr vermisst. Inzwischen findet sie es in Ordnung, dass Oma auf sie wartet, wenn sie aus der Schule kommt. Und in den Ferien besucht Pia ihre Mutter auf einem richtigen Bauernhof mit Kühen, Katzen und einem Hund.

„Sofort, mein Schatz!", antwortet Oma aus der Küche und schiebt einen Kuchen in den Ofen. Dann nimmt sie ihre Schürze ab. Sie geht zu Pia und setzt sich neben ihre Enkelin an den Schreibtisch. Mit Omas Hilfe sind die Aufgaben schnell gelöst.

„Zur Belohnung gibt es Kuchen", schlägt Oma vor.

„Juhu", freut sich Pia. Sie klappt ihr Heft zu, springt auf und läuft voraus ins Wohnzimmer. Dort deckt Oma den Tisch heute besonders festlich. Sie zündet sogar eine Kerze an und legt bunte Servietten neben die Tassen, wie an einem Geburtstag. Als Oma den Kuchen anschneidet, bemerkt Pia ihre silbernen Ohrringe, die im Kerzenlicht schimmern.

„Du siehst heute wirklich sehr hübsch aus", stellt Pia erstaunt fest.

„Findest du?" Oma errötet und nimmt Platz. „Das liegt vielleicht daran, dass mir etwas Wunderbares passiert ist. Ich habe nicht geglaubt, dass ich in meinem Leben noch einmal so glücklich werde."

Pia stutzt. War Oma denn nicht immer glücklich?

„Weißt du", Oma dreht verlegen an einem Ring, „ich habe jemanden kennengelernt."

Pia wundert sich. Das ist doch nichts Besonderes. Sie lernt jeden Tag neue Leute kennen: in der Schule, im Supermarkt oder auf dem Spielplatz.

„Also, ich habe einen Mann getroffen, und wir mögen uns sehr gerne", erklärt Oma weiter.

Langsam versteht Pia, dass der Mann nicht irgendein Mann ist, sondern dass er sehr wichtig für Omas Leben ist.

„Magst du ihn lieber als mich?", fragt Pia und schluckt.

„Wie kommst du denn darauf?", erwidert Oma erschrocken. „Hätte ja sein können." Pia merkt, wie ihr Tränen in die Augen steigen. Ihre Mutter ist ausgezogen, als sie einen neuen Mann kennengelernt hatte.

„Vielleicht können wir mal etwas zusammen unternehmen?" Oma lächelt Pia versonnen an. „Ich habe Edgar schon so viel von dir erzählt."

„Edgar heißt er also", überlegt Pia nachdenklich. Sie zieht die Stirn kraus und schweigt.

Oma nimmt ihre Hand. „Wir werden bestimmt viel Spaß zusammen haben."

Pia ist sich da nicht so sicher. Aber sie merkt, wie sehr sich Oma ein Treffen zu dritt wünscht. Deswegen nickt sie stumm. In diesem Moment wird der Schlüssel umgedreht, und die Wohnungstür geht auf.

„Hallo zusammen", ruft Pias Vater fröhlich. Er stellt seine Aktentasche in die Ecke und hängt die Jacke an die Garderobe. Dann gibt er Pia einen Kuss und fährt Oma mit der Hand über den Rücken.

„Guten Abend, Herbert! Ich habe gar nicht gemerkt, wie schnell die Zeit vergangen ist", meint Pias Oma und steht hastig auf.

„Du musst schon gehen?", fragt der Vater verwundert.

„Ich bin verabredet. Macht euch doch die Suppe warm, die im Kühlschrank steht." Bei den letzten Worten steht Oma bereits im Flur. Dort nimmt sie einen Lippenstift aus ihrer Handtasche, stellt sich vor den Spiegel und malt ihren Mund rosa an.

Pias Vater zieht die Augenbrauen hoch. „Hast du etwas Besonderes vor?"

„Das kann dir Pia erklären. Ich muss wirklich los", antwortet
Oma und ist kurz darauf verschwunden.
„Was kannst du mir erklären?", fragt Pias Vater und sammelt
das Besteck vom Kaffeetisch ein.

„Ich glaube, Oma ist ganz doll verliebt", erklärt Pia langsam und kräuselt die Lippen.

„Hat sie das gesagt?" Pias Vater fällt fast eine Gabel aus der
Hand.
„Na ja, so etwas Ähnliches", antwortet Pia und stellt die
Tassen zusammen.

„Na, da bin ich ja mal gespannt", murmelt der Vater. „Die Jüngste ist sie ja nicht mehr."

„Aber Oma sieht plötzlich viel jünger aus als früher", überlegt Pia laut. „Und sie ist so gut gelaunt."

„Da hast du recht", sagt der Vater und schmunzelt, als er in die Küche geht, um das Geschirr in die Spülmaschine zu räumen.

Am nächsten Tag steht Oma am Herd und brät Pfannkuchen. Als Pia der süße Duft in die Nase steigt, läuft ihr das Wasser im Mund zusammen.

„Wie war's in der Schule?", fragt Oma, und dreht sich zu Pia.

„Wie immer!" Pia beobachtet, wie der goldgelbe Teig in der Pfanne braun wird. „Und wie war dein Abend?"

Oma lächelt verträumt. „Richtig romantisch. Edgar und ich waren in einem Restaurant essen."

„Aha", meint Pia tonlos, die noch nicht richtig weiß, was sie von Omas neuem Leben halten soll.

„Möchtest du heute Nachmittag ins Eiscafé?", fragt Oma und dreht den Pfannkuchen um.

„Klasse Idee!", freut sich Pia.

„Weißt du, Edgar hat sich heute Zeit genommen, um dich kennenzulernen", fährt Oma fort.

„Ich dachte, wir gehen zu zweit ins Eiscafé", meint Pia enttäuscht.

„Wenn du willst, gehen wir allein", sagt ihre Oma schnell.

„Schon okay", antwortet Pia leise. Sie steckt den Finger in die Schüssel und nascht vom Teig.

Erleichtert drückt ihr Oma einen Kuss auf die Wange. „Die Pfannkuchen sind gleich fertig. Stell schon mal die Teller auf den Tisch."

Nach dem Essen setzt sich Pia an ihren Schreibtisch. Heute wollen die Hausaufgaben überhaupt nicht klappen. Immer wieder denkt sie an Omas neuen Freund. Ob sie jetzt jeden Nachmittag mit Edgar verbringen werden? Ob Oma bald keine Zeit mehr hat, um mit ihr Schularbeiten zu machen?

Ob sie nie mehr allein mit Oma auf dem Sofa kuscheln und ein Buch mit ihr lesen wird?

Da klopft es an ihrer Tür. „Pia, wir müssen los!", sagt Oma. Sie steckt den Kopf ins Zimmer und wedelt mit Pias Jacke. Unwillig legt Pia den Stift aus der Hand und steht auf. Kurze Zeit später stehen sie auf der Straße, um zum Eiscafé an der Ecke zu schlendern.

„Wir können draußen sitzen", schlägt Oma vor, während sie in den blauen Himmel schaut. „Es ist warm genug."
Eigentlich müsste Pias Herz vor Freude hüpfen. Was gibt es Schöneres, als das erste Eis im Jahr in der Sonne zu essen?

Aber irgendwie hat Pia ein komisches Gefühl, als sie am Tisch sitzt und die Eiskarte in der Hand hat.

Auch Oma scheint aufgeregt zu sein. Sie fährt sich durch die Haare, spielt an ihrer Kette und blickt nervös auf die Armbanduhr.
„Wir sind etwas zu früh", sagt sie gerade, als ein kleiner Mann um die Ecke biegt und auf sie zukommt.

„Guten Tag, die Damen!", sagt er und lächelt verschmitzt, bevor er sich an Pia wendet. „Gestatten? Mein Name ist Edgar." Dabei verbeugt er sich umständlich. Er nimmt Pias Hand, zwinkert ihr zu und haucht ihr einen Kuss auf den Handrücken. Pia muss kichern.

„Das hier ist Ludwig." Edgar zeigt auf einen dicken, zotteligen, braun-schwarz gescheckten Hund, der plötzlich vor Pia steht. Ludwig sieht sie mit treuen Augen an, hechelt und wedelt freudig mit dem Schwanz.

„Du hast einen Hund?", fragt Pia verwundert.

Sie beugt sich herunter und krault Ludwig am Nacken. „Davon hat mir Oma überhaupt nichts gesagt."

„Das sollte eine Überraschung werden", sagt Oma. „Und wie ich sehe, ist sie gelungen."

„Ich glaube, du hast einen neuen Freund gefunden", sagt Edgar, während sich der Hund zu Pias Füßen legt, als ob er nie mehr weggehen wollte.

„Wuff", bellt Ludwig zustimmend.

„Darf ich ab und zu mit euch spazieren gehen?", fragt Pia.

„Klar!", sagt Edgar und setzt sich neben sie an den Tisch.

„Und deine Oma nehmen wir auch mit."
Da freut sich Pia auf einmal darauf, in Zukunft viele
Nachmittage zu viert zu verbringen. Denn vielleicht hat
sie heute gleich zwei neue Freunde gefunden.

Mitmach-Seite

● Warum ist Pias Oma da, wenn Pia von der Schule nach Hause kommt?

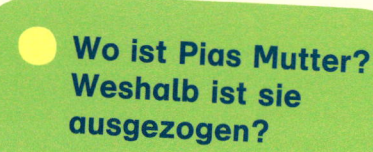

○ Wo ist Pias Mutter? Weshalb ist sie ausgezogen?

● Was fürchtet Pia, als sie von Omas neuem Freund hört?

● Pia sagt: „Oma ist ganz doll verliebt." Was heißt das?

○ Oma ist ganz verrückt.

○ Oma ist sehr verliebt.

● **Eis selber machen**

Du brauchst:

- 1 Tüte tiefgefrorene Waldbeeren
- 1 Becher Joghurt
- 1 Beutel Vanillezucker
- Zucker oder Honig nach Geschmack
- etwas Milch

Gib alle Zutaten in einen Mixer. Fülle die Masse in kleine Schälchen, und stelle sie einige Stunden in den Gefrierschrank. Frage einen Erwachsenen, ob er dir dabei hilft.

● Wo lernst du neue Menschen kennen?

● Wie heißt der Hund von Omas Freund?

○ Ludwig

○ Ludger

○ Leopold

● Wie fühlen sich Pia und ihre Oma, als sie auf Edgar warten?

Mia und
die kleine Elfe

Mia sieht aus wie ein Junge. Und sie will auch gar nicht anders aussehen. Ihre dunklen Haare sind so kurz wie Streichhölzer. Sie trägt am liebsten Hosen, mit denen sie auf Bäume klettern kann und Turnschuhe, mit denen sie schnell laufen kann.

Manchmal hört Mia, wie ihre Mitschülerinnen um sie herum tuscheln und von rosa Geburtstagskuchen, rosa Kleidern und rosa Armbändern reden. Dabei sind sie ganz aufgeregt und kichern.

Dann wundert sich Mia. „Weshalb sind die Mädchen nur so furchtbar albern?"

Mia findet alles, was an Prinzessinnen und Elfen erinnert, doof. Deswegen ist sie in der Schule oft allein. Nachmittags ist das anders. Dann trifft sie sich mit Bruno, der auf dem Bauernhof gegenüber wohnt. Mit ihm hat sie sogar schon auf einem Traktor gesessen. Nach der Fahrt über die Felder haben sie die neugeborenen kleinen Ferkel im Schweinestall besucht.

Die sind zwar auch rosa, aber richtig süß und gar nicht kitschig. Als Mia dann am nächsten Tag ins Klassenzimmer kam, haben alle die Nase gerümpft. Vielleicht hätte sie sich doch andere Sachen anziehen sollen? Aber Mia mag den Geruch von Tieren und wollte ihn nicht mit dem Duft von frischem Waschmittel tauschen.

Wenn ihre Mitschülerinnen sie bloß nicht ständig ärgern würden. Heute nach der letzten Stunde ist es besonders schlimm. Anke durchwühlt einfach ihren Schulranzen. „Was hast du denn hier?", ruft sie laut. Sie zieht einen Indianer heraus und hält ihn hoch. „Hast du auch eine Piratenmütze und eine Augenklappe?"
Die anderen Mädchen kichern.

„Warum lässt die blöde Kuh
mich nicht in Ruhe?",
denkt Mia wütend.
Aber sie hält den Mund.

Statt etwas zu sagen, klemmt sie sich ihren Ranzen unter den Arm. Sie merkt, wie ihr vor Wut Tränen in die Augen steigen. Auch das noch! Auf keinen Fall will sie vor Anke und den anderen Mädchen weinen. Schnell rennt sie aus dem Klassenzimmer, die Treppenstufen hinunter und hinaus auf die Straße.

Sie läuft an Häusern, Gärten und Wiesen vorbei, bis sie zu einem kleinen Wäldchen kommt. Zwischen zwei alten Eichen ist ihr Lieblingsplatz. Dort wirft sie den Ranzen auf den Boden, setzt sich hin und zieht die Knie dicht an ihren Körper. Endlich kann sie in Ruhe weinen, ohne dass sie jemand sieht.

**„Ich tue Anke doch gar nichts",
schluchzt Mia verzweifelt.
„Warum ist sie nur
so schrecklich gemein zu mir?"**

Traurig beobachtet Mia einige Sonnenstrahlen, die durch das Laub der Bäume schimmern. Doch was ist das? Plötzlich ziehen sich die kleinen Staubkörner, die im hellen Licht tanzen, zusammen. Es macht „plopp". Mia reibt sich die Augen. Schwirrt dort wirklich ein kleines silbernes Wesen durch die Luft?
„Warum hast du mich gerufen?", fragt es und flattert direkt vor Mias Nase.

**„Ich habe dich gerufen?",
fragt Mia erstaunt.
„Ich kenne dich doch gar nicht."**

Jetzt erst sieht Mia, dass das kleine Wesen eine Ritterrüstung anhat. An dem Panzer sind zwei Löcher für die Flügel, die bunt daraus hervorleuchten. Das Visier des Helms ist aufgeklappt. Grüne Augen funkeln Mia an.

„Klar! Du hast mich gerufen und von meiner Burg geholt! Oder glaubst du, dass Elfen in winzigen Schlössern aus Zuckerguss leben und Kleider aus rosa Blütenstaub tragen?", fragt das kleine Wesen und nimmt den Helm ab. Kurze dunkle Haare, die wirr abstehen, erscheinen. „Nun, vielleicht sollte ich mich erst einmal vorstellen. Mein Name ist Kuni von Burg Klapperbrücke."

„Und du bist tatsächlich eine richtige Elfe?", fragt Mia mit offenem Mund.

„Na, was denn sonst?", meint Kuni ein wenig beleidigt. „Aber warum heulst du so? Hat dich jemand geärgert?" Kuni zieht ihr Schwert aus der Scheide, das so groß wie eine Stecknadel ist, und sticht einige Male damit in die Luft, als ob sie eine Mücke erlegen wolle. „Ich fürchte nichts und niemanden."

Mia muss lächeln. Dann nimmt sie ein zerknittertes Taschen-
tuch aus ihrer Hosentasche und putzt sich die Nase.
„Also, was ist los?", fragt Kuni, steckt ihr Schwert zurück und
setzt sich auf Mias Knie.

„Ein Mädchen aus meiner Klasse ist gemein zu mir", erklärt Mia der kleinen Elfe. „Bloß, weil ich anders bin."

„Ah, das ist schlimm. Das kenne ich." Kuni seufzt. „Weißt du,
ich bin auch nicht wie andere Elfen." Dann ballt sie ihre
winzigen Hände zu Fäusten. „Wehre dich."
Mia sieht Kuni fragend an, die aufgeregt zwischen ihren
Knien hin und her flattert.
„Sag dem Mädchen, dass sie dich nicht beleidigen darf!"

„Und dann hört sie damit auf?", fragt Mia verblüfft. „Das glaube ich dir nicht."

„Probier es aus", rät Kuni. „Eins ist sicher: Wenn du gar nichts
machst, ändert sich auch nichts."
Bei den letzten Worten wird Kuni von kleinen funkelnden
Lichtern eingehüllt.

Wieder macht es „plopp", und die Elfe ist verschwunden. Mia wischt sich über die Augen. Hat sie das alles nur geträumt? Nachdenklich nimmt sie ihren Ranzen und geht nach Hause.

Am nächsten Morgen sitzt Mia im Schulhof auf einer Bank. Als sie in einen Apfel beißt, kommt Anke mit ihren Freundinnen direkt auf sie zu.

Mias Herz beginnt zu klopfen. Was hat sich Anke heute nur wieder ausgedacht?

„Na, gehst du gleich wieder zu den Schweinen?", fragt Anke und stützt die Hände auf die Hüften. „Die fressen doch auch gerne Äpfel."

Die anderen Mädchen prusten los. Mia bekommt einen Kloß im Hals. Am liebsten würde sie aufstehen und weggehen. Aber sie denkt an Kunis Worte und schluckt. Wenn sie sich nicht wehrt, ändert sich nichts.

„Was habe ich dir getan?",
fragt sie laut.
„Wieso bist du so fies zu mir?"

Die anderen Mädchen schauen verblüfft von Mia zu Anke, der
vor Überraschung die Luft wegbleibt.
„Nun hab dich doch nicht so", sagt Anke. Aber Mia sieht, wie
Anke die Röte ins Gesicht steigt. Mia steht auf und stellt sich
breitbeinig hin.

„Lass mich einfach in Ruhe",
sagt sie mit fester Stimme.
„Dann lasse ich
dich auch in Ruhe."

„Ist ja schon gut", sagt Anke verwundert. Dann dreht sic sich um, hakt sich bei ihren Freundinnen ein und schlendert mit ihnen davon. Mia wundert sich: So einfach war es, Anke zu verunsichern! Vielleicht wird Anke sie bald wieder ärgern. Aber dann wird sich Mia eben wieder wehren.

Nach der Schule läuft Mia direkt zu ihrem Lieblingsplatz. Aber anders als gestern summt sie vergnügt vor sich hin. Als sie sich auf das weiche Moos fallen lässt, entdeckt sie Kuni auf einem Fliegenpilz.

„Wie war es in der Schule?", fragt Kuni und baumelt mit den Beinen.

Mia erzählt stolz, was sie in der Pause erlebt hat. Als sie damit endet, wie Anke mit ihren Freundinnen abgezogen ist, klatscht Kuni begeistert in die Hände. „Wunderbar. Meistens reichen schon ein paar klare Worte, damit man in Ruhe gelassen wird. Jetzt kann ich zurück zu meiner Burg fliegen. Ich muss nämlich noch die Zugbrücke reparieren, bevor der Winter kommt." Kuni setzt ihren Helm auf. „Wenn dich wieder jemand ärgert, ruf mich einfach. Ich werde dich finden, wo immer du auch sein wirst."

Kleine bunte Lichter erscheinen und hüllen Kuni ein.

„Alles Gute!", wünscht Mia. „Du bist die schönste Elfe, die ich mir vorstellen kann."

Kuni lächelt und winkt, bevor sie mit einem leisen „plopp" verschwindet.

Mitmach-Seite

Was machen Jungen anders als Mädchen?

Möchtest du lieber ein Junge/ ein Mädchen sein?

Wie stellst du dir eine Elfe vor? Was hat sie an, wie spricht sie, wie zaubert sie ...?

Ist Kuni von der Klapperbrücke so, wie du dir eine Elfe vorstellst?

Wie unterscheidet sich Kuni von Elfen, die du aus anderen Büchern kennst?

Sprich und klatsche mit mir in Silben

Die El-fe tanzt um Mit-ter-nacht.

Die El-fe tanzt um Mit-ter-nacht im Mond-licht.

Die El-fe tanzt um Mit-ter-nacht im Mond-licht auf ei-ner Wie-se.

Wie verhält sich Mia, bevor sie Kuni kennengelernt hat? Wie fühlt sie sich?

Errätst du, wer hier spricht?

Um Mitternacht, wenn die
Menschen erst schlafen,
Dann scheinet uns der Mond,
Dann leuchtet uns der Stern.
Wir wandeln und singen
Und tanzen erst gern.

Um Mitternacht, wenn die
Menschen erst schlafen,
Auf Wiesen, an den Erlen
Wir suchen unseren Raum
Und wandeln und singen
Und tanzen einen Traum.

(„Elfenlied" von Johann
Wolfgang von Goethe)

Wie verhält sich Mia, nachdem sie Kuni kennengelernt hat? Wie fühlt sie sich jetzt?

Wo ist Mias Lieblingsplatz?

○ in einem Wäldchen auf einer Eiche

○ in einem Wäldchen zwischen zwei Eichen

Mia stellt sich Anke mutig entgegen. Bist du auch schon mal gehänselt worden? Warst du auch schon mal mutig?

157

Wer schreibt und malt denn da?

Annette Neubauer

hat schon als Kind lieber spannende Fälle gelöst, als mit Puppen zu spielen. Nach ihrem Abitur studierte sie Geschichte, Germanistik und Russisch. 2000 machte sie sich mit einer pädagogischen Fachpraxis selbstständig und begann auch ihre Tätigkeit als Schriftstellerin. Seitdem schreibt sie für viele Kinderbuchverlage und hat zahlreiche Bücher veröffentlicht.

Claudia Ondracek

wollte nach ihrem Geschichtsstudium eigentlich erst im Museum arbeiten, landete dann aber in einem Kinderbuchverlag. Da sie sich zwischen all den frechen Hexen, wilden Seeräubern und tanzenden Feen so richtig zu Hause fühlte, fing sie selbst an, Geschichten zu schreiben. Die fallen ihr in ihrem Arbeitszimmer über den Dächern von Berlin ein oder wenn sie mit ihren beiden Söhnen herumtobt.

K. Johanna Fritz

hat schon als Kind 72 Bilder fürs Weihnachtsfest gemalt und ist dem Zeichnen seither treu geblieben. Nach ihrem Kommunikationsdesign-Studium in Berlin wohnt und arbeitet sie seit 2008 als freie Illustratorin in Stuttgart und freut sich dabei über ihre bunten Tiere und lustigen Figuren, die inzwischen durch viele Kinderbücher, Spiele und über Verpackungen hüpfen.

Andrea Dölling

studierte an der Hochschule in Augsburg Kommunikationsdesign. Nach ihrer Diplomausstellung bekam sie das Angebot, ihr erstes Bilderbuch zu illustrieren. Nach diesem Buch folgten viele weitere: Kinderbücher, Schulbücher, Krimis, Romane, aber auch Aufträge aus anderen spannenden Bereichen. Am liebsten zeichnet sie Menschen. Heute lebt sie im schönen Lübeck und fährt so oft es geht ans Meer.

Stefanie Klaßen

wurde in Cloppenburg geboren und hat schon als Kind viel gemalt. Sie arbeitete aber erst als Goldschmiedin und entschloss sich danach, Illustration an der Fachhochschule für Design in Münster zu studieren. 2009 machte sie ihren Abschluss. Seitdem lebt und arbeitet sie als freiberufliche Illustratorin in Münster. Ihr größter Wunsch ist es, irgendwann mal einen Hund zu haben!

Die kleinen Lerndrachen
Fit für den Schulstart – Gute Noten von Anfang an!

Fit für den Schulstart
Zahlen und Mengen,
Farben und Formen,
Konzentration
ISBN 978-3-12-929245-7
9,95 €

Fit für den Schulstart
Erstes Lesen,
Erstes Schreiben,
Konzentration
ISBN 978-3-12-929244-0
9,95 €

Fit für den Schulstart
Erstes Lesen
ISBN 978-3-12-949028-0
5,99 €

Fit für den Schulstart
Erstes Schreiben
ISBN 978-3-12-949029-7
5,99 €

Fit für den Schulstart
Erstes Rechnen
ISBN 978-3-12-949030-3
5,99 €

Fit für den Schulstart
Konzentration
ISBN 978-3-12-949031-0
5,99 €

Viele weitere Titel sind im Buchhandel erhältlich.

www.klett.de/lernhilfen

Lesen lernen mit dem Schulbuchprofi ...

... und den kleinen Lerndrachen
mit Sachwissen-Poster von GEOlino

1. Klasse für Leseanfänger:

2. Klasse für Erstleser:

- kurze, gegliederte Zeilen
- extra große Fibelschrift
- hoher Bildanteil
- mit Sachwissen-Poster

- längere Zeilen
- große Fibelschrift
- viele Bilder
- mit Sachwissen-Poster

... und Bibi Blocksberg
mit Hexen-Quiz

1. Klasse für Leseanfänger:

2. Klasse für Erstleser:

- kurze, gegliederte Zeilen
- hoher Bildanteil
- extra große Fibelschrift
- mit Hexen-Quiz

- längere Zeilen
- viele Bilder
- große Fibelschrift
- mit Hexen-Quiz

Viele weitere Titel sind im Buchhandel erhältlich.

www.klett.de/lernhilfen

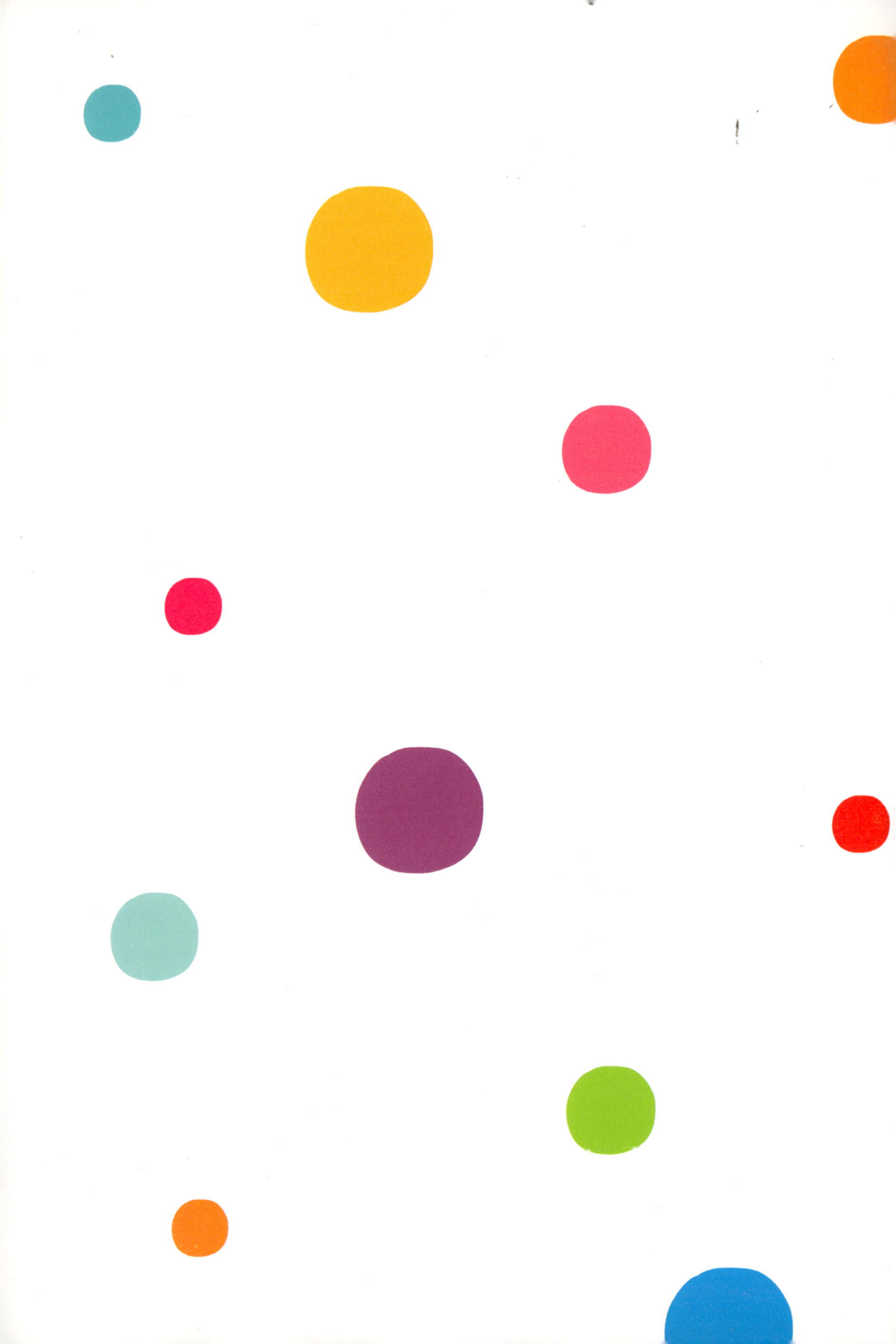